Helmut Remmler

Das Geheimnis der Sphinx

Helmut Remmler

Das Geheimnis der Sphinx

Archetyp für Mann und Frau

Walter-Verlag Olten und Freiburg im Breisgau

Satz: Jung Satz Centrum, Lahnau
Druck und Einband: Grafische Betriebe des Walter-Verlags
Printed in Switzerland

ISBN 3-530-68951-3

Inhalt

Begegnung mit der Sphinx im Schnittpunkt der Kulturen

Als ich vor über zwanzig Jahren zum erstenmal die jugoslawische Stadt Split besuchte und vom Meere kommend durch das Stadttor und die engen, malerischen Gassen der Altstadt ging, stand ich plötzlich im Bezirk des riesigen Palastes, den sich der römische Kaiser Diokletian als Altersresidenz dort hatte errichten lassen. Er wollte seinen Lebensabend dort verbringen, wo er herstammte und in seiner Jugendzeit gelebt hatte. Wo er geboren worden war, dort wollte er auch begraben sein.
Nun stand ich vor seinem Mausoleum und begegnete erstmals in meinem Leben einer Sphinx, die rechts vom Eingang zum Mausoleum auf einer erhöhten Mauer lag, ein Bild lockender Anmut und doch auch gesammelter Kraft (Abb. 1 u. 2). Sie zog mich sofort in ihren Bann. Ich versuchte, ihrem Blick zu begegnen, der aber war in die Weite und gleichsam in die Unendlichkeit gerichtet, so daß sie über mich hinweg oder durch mich hindurch zu schauen schien. Ihre großen Ohren waren weit offengestellt, und durch den Kopfschmuck wurde die Muschelwirkung noch verstärkt, so als wolle sie alles mitbekommen, was es in ihrer Umgebung zu hören gab, und das ist auf diesem Platz, den täglich Tausende von Menschen besuchen, nicht wenig. Da hört sie die Reiseführer den Touristengruppen aus vielen verschiedenen Ländern in ihrer jeweiligen Landessprache die historischen und kulturellen Aspekte des Diokletianspalastes erklären – dabei hört sie natürlich auch immer wieder ihre eigene Geschichte, nämlich daß sie etwa 3500 Jahre alt ist und

vom Kaiser Diokletian von Ägypten nach hier gebracht wurde –, es dringen aber auch die Gespräche an ihre Ohren, die von Bewohnern der Stadt oder von Touristen an den in ihrer Nähe draußen auf dem Platz stehenden Tischen eines Restaurants geführt werden, sie lauscht dem zärtlichen Geflüster verliebter Paare, die zu ihren Füßen sitzen, und inzwischen kennt sie schon eine ganze Reihe von Dramen der Weltliteratur, denn zu den Sommerfestspielen wird die Bühne in ihrer unmittelbaren Nähe aufgeschlagen, so daß sie an allen Aufführungen kostenlos teilnehmen kann. Vielleicht stand schon einmal Bernard Shaws «Cäsar und Cleopatra» auf dem Programm; die beiden waren sich ja bei einer Sphinx zum erstenmal begegnet.

Dann wollte ich der Sphinx noch näher sein und stieg die Stufen zu ihr hinauf. Als ich so neben ihr stand, reizte mich ihre schöne glatte Flanke, sie zu streicheln, und meine Finger glitten zärtlich über ihren sinnlich wirkenden Körper. Ich fühlte mich der Sphinx verbunden, sie schien mir von urdenklichen Zeiten her vertraut zu sein, und zugleich umgab sie ein unergründliches Geheimnis. Sie strahlte Ruhe und Gelassenheit aus, als wäre sie sich dessen bewußt, daß sie an Alter alle die sie umgebenden Kulturdenkmäler bei weitem übertraf und eine Fülle von Erfahrungen in einer ganz andern Welt mit nach hier gebracht hatte.

Nun liegt sie da mit ihrer ägyptischen Vergangenheit in einer Stadt, die von Griechen gegründet und in der Römerzeit durch Diokletian mit dessen monumentalem und prachtvollem Palast geschmückt wurde. Die Sphinx wurde die Wächterin vor seinem Tempel, der schließlich sein Mausoleum wurde. Dann kamen slawische Eroberer und mit ihnen eine andere Geisteshaltung und Kultur.

Die Christianisierung führte schließlich dazu, daß das Mausoleum in eine Kathedrale verwandelt und das Peristyl Schauplatz kirchlicher Zeremonien wurde. In späterer Zeit wurden in zwei Seiten des Peristyls zwei Kapellen, Wohnungen und ein Restaurant gebaut. Das Peristyl war jener feierliche freie Raum in der Mitte des Palastes, in dem der Kaiser – vor dem repräsentativen Prothyron mit seinen über 5 m hohen Granitsäulen sitzend – die Abgesandten aus dem ganzen Reich empfing. Die Sphinx aber hat alle diese Ereignisse überdauert, sie liegt da gleichsam im Schnittpunkt der Epochen und Kulturen als ein Symbol des Überdauerns, wiewohl seit dem ersten Auftreten einer Sphinx vor über viereinhalb Jahrtausenden ihr Bild mannigfaltigen Wandlungen unterworfen war. Das Motiv der Sphinx finden wir in allen obengenannten Epochen.

Wenn ich im Laufe der Jahre oft unterwegs war zu meiner Lieblingsstadt Dubrovnik, habe ich der Sphinx in Split immer wieder einen Besuch abgestattet, mit ihr erneut Kontakt aufgenommen und sie liebevoll gestreichelt. Von Jahr zu Jahr hat mich ihr Geheimnis mehr fasziniert, das Geheimnis der Sphinx überhaupt in ihrer vielgestaltigen Erscheinungsweise. Schließlich wußte ich, daß ich ein Buch über das Geheimnis der Sphinx schreiben wollte. Das war für mich ein Grund, meine Sphinx in Split ganz bewußt wieder einmal zu besuchen.

Welche seltsamen Erlebnisse ich bei diesem Besuch hatte, möchte ich kurz erzählen: Nach meiner Ankunft in Split ging ich schnurstracks zur Sphinx, um mir ihre Gestalt noch einmal genau anzuschauen und um aus der Begegnung mit ihr vielleicht einige Anregungen für mein Buch zu bekommen. Als ich ihr nun wieder gegenüberstand, stellte ich mit Erstaunen fest, wie ungenau ich ihre Gestalt bei meinen bisherigen Besuchen wahrgenommen hatte und wie viele Aspekte ihres Wesens mir anscheinend noch unbekannt geblieben waren. Hatte ich sie bisher ganz selbstverständlich für ein weibliches Wesen gehalten, so war ich mir plötzlich über ihr wirkliches Geschlecht ganz im unklaren. Also schaute ich sie mir daraufhin noch einmal genau an. Einen Busen konnte ich nicht feststellen, und das Gesicht schien mir nun doch eindeutig einen männlichen Ausdruck zu haben.

Hatte ich es also eher mit einem männlichen Wesen zu tun? Aber warum sollte ich nicht auch ein männliches Wesen streicheln, wenn es doch so schöne glatte Flanken hat? Müßte ich dann eigentlich nicht auch «der» Sphinx sagen? Hier begegnete ich zum erstenmal der Tatsache, daß es Sphingen verschiedenen Geschlechts gibt.

Als ich dann den Sphinx von der Seite her betrachtete, fiel mir zu meinem Erstaunen auf, daß er einen Querriß mitten durch den Körper aus schwarzem Granit hatte. Wie war es nur möglich, daß ich diesen bei meinen früheren Besuchen nicht bemerkt hatte? Jetzt schien er mir sogar einen gewissen Sinn zu haben, drückte er doch vielleicht ihre Zerrissenheit aus zwischen ihrem vergangenen und ihrem jetzigen Leben. War der Riß vielleicht sogar beim Transport von Ägypten nach Split entstanden und stellte somit eine schmerzliche Erinnerung an ihre «Entführung» dar? Könnte der Riß auch auf andere, anscheinend unvereinbare Aspekte der Sphinx hinweisen (auf die ich später noch ausführlicher eingehen werde), wird sie doch im Laufe der Geschichte gesehen als der dem Göttlichen zugehörige Sphinx, aber auch als die Verderben bringende teuflische Sphinx, einmal hat sie eine Bedeutung als Todesdämon, das andere Mal ist sie dem Lebensbaum zugeordnet, und wie verträgt sich ihre tierische mit ihrer menschlichen Natur?

Der Sphinx in Split hat hinten einen Tierleib mit Löwenpranken und einem Schwanz, der elegant auf den Rücken geschlagen ist, während er vorne ein menschliches Antlitz mit vollen Wangen und menschliche Hände hat, die nach vorne gelegt und so aufgestellt sind, daß die Daumen nach oben zeigen.

Was will der Sphinx damit ausdrücken? Ich habe mich selber einmal auf den Bauch gelegt und die Hände in dieser Stellung gehalten. Dabei wurde mir klar, daß die Hände des Sphinx im Gegensatz zu den Löwenpranken, die fest auf der Erde haften und mit ihr intensiven Kontakt haben, senkrecht nach oben weisen, sie betonen die Vertikale, als wollten sie sagen, daß die erdhaft verankerte Animalität eines Lebewesens mit dem Sich-Ausrichten nach oben, mit der Welt des Geistes, verbunden sein muß, wenn Ganzheit verwirklicht werden will.
Andererseits wird durch die aufrecht gestellten Hände eine ganz begrenzte Strecke dargestellt, während doch der Blick des Sphinx in unendliche Weite gerichtet ist. Damit will uns der Sphinx vielleicht auf die Begrenztheit unseres Lebens wie auch unseres Wesens hinweisen, wenngleich wir durch die Unsterblichkeit der psychischen Energie an der Unendlichkeit der Zeit sowie an der göttlichen Unbegrenztheit teilhaben.
Den Aspekt der Aufspaltung in zwei Teile kann man auch erleben, wenn man einige Meter entfernt vor dem Sphinx steht; dann geht nämlich der rechte Rand einer der Granitsäulen, die der Kaiser beim eiligen Aufbau seines Palastes aus Ägypten nach hier schaffen ließ, senkrecht mitten durch sein Gesicht, so daß nur die linke Hälfte seines Kopfes sichtbar ist. Dabei wurde mir wieder einmal deutlich bewußt, wie sehr in unserer patriarchalen Gesellschaft die linke Gehirnhälfte überbetont und die rechte weitgehend ausgeblendet wird. Diese Entwicklung zur Einseitigkeit setzte mit dem Ende der noch universal eingestellten Antike ein, noch verstärkt durch das sich ausbreitende Christentum, wofür die Säule, die zum Mausoleum und zur später daraus hervorgewachsenen Kathedrale gehört, symbolischer Ausdruck ist.
Vor der Kathedrale halten zwei Löwen Wache, den Blick schräg zueinander hin gerichtet, so daß ihnen niemand entgeht,

der die Treppe zur Kathedrale hinaufsteigt. Sie stammen aus romanischer Zeit, sind Hüter der Schwelle und verkörpern mit ihrem starken Bezug zum Sonnenaspekt mehr die bewußte Einstellung zum Leben und zur Welt, während dem Unbewußten im christlichen Bereich immer weniger Raum gewährt wurde. Der Sphinx, der ja selber auch Anteil an der Löwennatur hat, schaut mit seinem in unendliche Weite gerichteten Blick quer an den Löwen vorbei, er sieht die Welt aus einem ganz anderen Blickwinkel, ist auch dem unbegrenzten und geheimnisvollen Reich des Unbewußten zugewandt.
Inzwischen hatte ich schon eine ganze Weile bei dem Sphinx zugebracht, und er hatte mich wieder ganz in seinen Bann gezogen. Da kam mir plötzlich in den Sinn, daß es doch naheliegend wäre, wenn ich mir Informationen über den Sphinx und Bilder von ihm besorgen würde, um ihn noch besser kennenzulernen. Also verabschiedete ich mich von meinem Sphinx und trat langsam zurück, während ich meinen Blick noch unverwandt auf ihn gerichtet hielt. Plötzlich stürzte ich nach unten und fand mich auf dem Boden des Peristyls wieder. Nur durch geschicktes Abrollen hatte ich eine mögliche Verletzung verhindern können. Meine Tasche war meterweit von mir entfernt gelandet. Ich hatte einfach übersehen, daß die oberste der Stufen, die zum Sphinx hinaufführen, doppelt so hoch ist wie die anderen. Ich fragte mich sogleich, was dieser Sturz für mich wohl zu bedeuten habe. Mir kam der Gedanke, daß der Sphinx mir vielleicht vermitteln wollte, wie es einem ergeht, wenn man sich von der Stadtmauer stürzt, wie es seine Kollegin in Theben tat, als Ödipus das von ihr gestellte Rätsel erraten hatte. Dann rappelte ich mich wieder auf, schaute noch einmal etwas verdutzt und leicht vorwurfsvoll zum Sphinx hinauf, ging zu einem nahegelegenen Andenkenladen neben dem Mausoleum und fragte nach Material über den Sphinx. Aber es gab weder Buch noch

Bild davon. So leicht wollte ich jedoch nicht aufgeben. Also betrat ich eine wissenschaftliche Buchhandlung und war sehr beglückt, ein spezielles Buch über den Diokletianspalast zu finden. Ich blätterte es gleich in der Buchhandlung durch und mußte zu meiner großen Enttäuschung feststellen, daß darin nichts über den Sphinx zu finden war. Auch der Besuch der nächsten Buchhandlung verlief erfolglos. Ich gab immer noch nicht auf und wurde dafür belohnt, denn in einer weiteren Buchhandlung fand ich endlich einen Führer von Split, in dem ich zumindest einige Bemerkungen über den Sphinx fand. So erfuhr ich nun, daß dieser Sphinx aus dem 15. Jahrhundert vor Christus stammt und den berühmten Pharao Thutmosis III. darstellt.

Aber ich wollte auch noch ein Bild von dem Sphinx haben. Als ich in einem Geschäft danach fragte, wurde ich an einen bestimmten Zeitschriftenladen verwiesen und von dort zum Fremdenverkehrsbüro geschickt, wo ich tatsächlich Bilder vom Sphinx und einen weiteren Führer mit Hinweisen über ihn fand.

Ich war ganz stolz auf meine Ausbeute, die ich meiner ausdauernden Suche zu verdanken hatte. Als ich dann mit meinen ganzen Errungenschaften noch einmal beim Sphinx vorbeikam und zu ihm emporschaute, hatte ich den sicheren Eindruck, daß er mir amüsiert zulächelte. Dieses Lächeln war freundlich, belustigt, süffisant, ermunternd und ermutigend zugleich. Vielleicht wollte er mir damit sagen: «Ich finde es ja ganz nett und amüsant, daß Du Dich so sehr für mich interessierst, mache ruhig weiter so, schreibe ruhig Dein Buch über mich, aber bilde Dir nur ja nicht ein, Du könntest mein Geheimnis jemals ganz enträtseln.»

So will ich also mit meinen Gedanken, Assoziationen, Phantasien und Bildern die/den Sphinx und ihr/sein Geheimnis umkreisen und der Frage nachgehen, was dieses geheimnisvolle Wesen uns heutigen Menschen vielleicht mitteilen kann. Meine Antworten werden sicherlich sehr subjektiver Natur sein und nur unvollkommene und unvollständige Aussagen über die/den Sphinx machen können. Allerdings will ich mich auch ein wenig umschauen, was im Laufe der Zeit über die/den Sphinx ausgesagt worden ist und einiges davon in meine Ausführungen einbeziehen.

Das begreifbar Leibhaftige und das unbegreifliche Geheimnis der Sphinx

Sie werden sich gewundert haben, daß ich im vorigen Kapitel die Sphinx mal mit männlichem und mal mit weiblichem Geschlecht versehen habe. Was ist nun richtig: der Sphinx oder die Sphinx? Beides ist richtig, denn wenn die Sphinx nach Hegel das «Symbol des Symbols»(1) ist und wenn wir sie nicht auf eine Erscheinungsform, ein Zeitalter oder einen Kulturkreis beschränkt betrachten, sondern in ihrer umfassenden Bedeutung durch alle Zeiten hindurch sehen, so läßt sie sich nicht einfach auf ein Geschlecht festlegen. Sie umfaßt vielmehr die ganze Breite männlich-weiblicher Gegensatzspannung. Es ist allerdings bemerkenswert, daß ihre männliche Erscheinungsweise vielfach mit göttlichen Aspekten und ihre weibliche Form oft mit den Aspekten eines Ungeheuers in Zusammenhang gebracht werden.

Doch auf diese eigenartige Tatsache will ich später noch ausführlicher eingehen.

Beschäftigen wir uns erst einmal mit der Frage nach der Herkunft der Sphinx und ihrem ersten leibhaftigen Auftreten. Darüber finden wir gründliche Informationen in dem umfassenden Werk «Die Sphinx» von Heinz Demisch(2), dessen Ansicht über den generellen Gebrauch des weiblichen Artikels für den Gattungsbegriff «Sphinx» ich mich auch anschließe. Der deutsche Sprachgebrauch hat es so aus dem Griechischen übernommen, und Demisch weist mit Recht darauf hin, daß wir im Deutschen ja auch der Löwe oder die Antilope sagen, «auch wenn es sich im konkreten Fall um ein weibliches bzw. männliches Tier handelt»[(2)].

Es ist interessant, daß von den beiden ältesten uns bekannten ägyptischen Sphingen, die bereits vor der Kolossalsphinx von Gise entstanden, die eine ein männliches und die andere ein weibliches Antlitz hat, einen König bzw. eine Königin darstellend (Abb. 3 u. 4). Um 2600 v. Chr. tritt dann die gewaltige Sphinx von Gise ins Blickfeld (Abb. 5), deren Name Seshep auch lebendes Abbild (des Sonnengottes) bedeutet. Ob sich aus diesem Namen das griechische Wort Sphinx ableiten läßt oder ob es mit dem griechischen Verb sphingein (= würgen, erdrosseln) in Verbindung zu bringen ist – und damit auch mit dem Begriff des Ungeheuers –, läßt sich wohl nicht endgültig klären.

Für Demisch stellt sich «mit der Zusammenschau der verschiedenen Erscheinungsweisen der Sphinx aus fünf Jahrtausenden die Frage nach einem Archetypus, der überhaupt erst berechtigt, ‹die Sphinx› wie einen festumrissenen Begriff zu behandeln», wenngleich es gravierende «Unterschiede zwischen der ägyptischen, der mesopotamischen, der kretischen und der griechischen Sphinx, um nur die wichtigsten Typen zu nennen», gibt. Demisch beantwortet die Frage mit dem Postulat eines Archetyps der Sphinx, «dessen geistige Heimat rational nicht zu fassen ist. Er löste das gleichsam mystische Grunderlebnis aus, das die Sphinxtypen aller Zeiten und aller Länder – ungeachtet oft schwerwiegender Unterschiede – untereinander verbindet.»[(2)]

Was bedeutet es nun, wenn die Sphinx ein Archetyp ist? Archetypen sind Inhalte des kollektiven Unbewußten, reichen also über die persönlichen Erfahrungen eines Menschen weit hinaus. Sie beruhen auf Urgegebenheiten im Menschen sowie auf früheren Urerfahrungen der Menschen und tauchen dann,

Abb. 1: Ägyptische Sphinx in Split, Jugoslawien, den Pharao Thutmosis III. darstellend, um 1500 v. Chr. Foto: Vojko Bašić

Abb. 2: Dieselbe Sphinx, vor dem Mausoleum des römischen Kaisers Diokletian in Split. Foto: Vojko Bašić

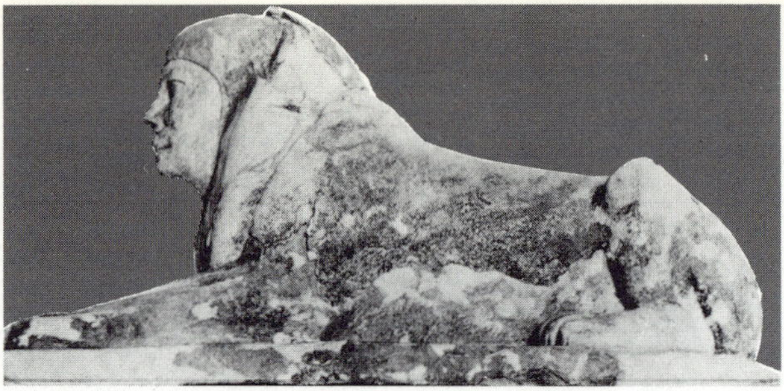

Abb. 3: Statuette einer Sphinx, Kalkstein, 4. Dynastie, um 2600 v. Chr., Ägyptisches Museum, Kairo. Vorlage aus Heinz Demisch, Die Sphinx, Verlag Urachhaus, Stuttgart 1977, Abb. 23

Abb. 4: Kopf einer Sphinx des Königs Djedefre, Quarzit, 4. Dynastie, um 2600 v. Chr., Musée du Louvre, Paris. Vorlage aus Heinz Demisch, Die Sphinx, Verlag Urachhaus, Stuttgart 1977, Abb. 22

Abb. 5: Sphinx von Gise, Kalkstein, 4. Dynastie, um 2600 v. Chr., Ägypten, Cheopspyramide. Vorlage aus Heinz Demisch, Die Sphinx, Verlag Urachhaus, Stuttgart 1977, Abb. 21 (Ausschnitt)

Abb. 6: Hermes zwischen zwei liegenden Sphingen, Vasenbild, um 600 v. Chr., Britisches Museum, London. Vorlage aus Heinz Demisch, Die Sphinx, Verlag Urachhaus, Stuttgart 1977, Abb. 258

Abb. 7: Sphinx zwischen Flügelpferden auf dem Helm der Athena Parthenos, römische Statuette nach Phidias, 2. Jh. n. Chr., Archäologisches Nationalmuseum, Athen. Foto: Deutsches Archäologisches Institut, Athen

wenn ein Mensch mit gleichartigen Grunderfahrungen in einer Lebenssituation konfrontiert ist, aus dem Unbewußten auf und äußern sich in diesem Menschen in bestimmten Gefühlen, Phantasien, Strebungen und inneren Bildern, die oft auch nach äußerem Ausdruck und nach konkreter Gestaltung verlangen.

Nach C. G. Jung «sind es die archetypischen Inhalte des (kollektiven) Unbewußten, jene in allen Menschen gleichen Reste uralten Menschtums, jenes von aller Differenzierung und Fortentwicklung zurückgelassene Gemeingut, das allen Menschen geschenkt ist wie das Sonnenlicht und die Luft. Indem sie aber dieses Erbgut lieben, lieben sie das, was allen gemeinsam ist; sie kehren so zur Mutter der Menschen, nämlich zur Psyche, die war, bevor es ein Bewußtsein gab, zurück und gewinnen auf diese Weise wieder etwas von jenem Zusammenhang und von jener geheimen und unwiderstehlichen Kraft, die das Gefühl der Zusammengehörigkeit mit dem Ganzen zu verleihen pflegt.»(3)

Wenn ich mich mit verschiedenen Aspekten der Sphinx befasse, so will ich das im allgemeinen tun im Hinblick auf die Sphinx als Archetyp, wenngleich ich mich öfters auch auf bestimmte Sphinxformen beziehen werde, um besondere Seiten ihres Wesens und deren Bedeutung für uns besser zu veranschaulichen.

Für Rasche(4) markiert die Sphinx von Gise die Schwelle von der magischen zur mythischen Welt. Aus der «Bildlosigkeit und Blindheit der nur unbewußten Psyche»(5) kommt es allmählich zu einem «mythologisch bildhaften Bewußtwerden»(4).

Die Sphinx von Gise ist zunächst einmal die leibhaftige Darstellung der Erfahrung und Erkenntnis, daß der Mensch ein Wesen ist, in dem sich animalische und geistig-seelische Elemente miteinander verbinden, die sich nicht gegenseitig bekämpfen oder

vom Menschen gegeneinander ausgespielt werden sollen, sondern die miteinander im Einklang stehen können, wie dies in zahlreichen anderen alten Sphingen überzeugend und bewunderungswürdig zum Ausdruck gebracht worden ist. Hegel sagt über die Sphinx von Gise: «Der menschliche Kopf, der aus dem tierischen Leib hervorbricht, stellt den Geist dar, wie er anfängt, sich aus dem Natürlichen zu erheben ... ohne sich jedoch ganz von den Fesseln zu befreien» (zitiert nach (6)).
Die Sphinx ist ganz einfach leibhaftig da, man kann sie auch heute noch anfassen, «begreifen», eine Gestalt gewordene Aussage, die auch heute noch ihre volle Gültigkeit hat. Als überdauerndes Symbol weist die Sphinx auch uns heutige Menschen in elementarer Weise darauf hin, daß es um die Vereinigung von Materie, Animalität und Geist geht und nicht um die Unterdrückung einer Seite durch die andere, wenngleich letzteres in der Geschichte der Menschheit und einzelner Menschen immer wieder geschehen ist. Solche Irrwege und Umwege können auf dem Weg zur Bewußtwerdung und zur Ganzheit notwendig sein, und oft müssen sich die Gegensätze erst einmal scharf voneinander abheben, bevor sie in der «conjunctio oppositorum» zur Vereinigung gelangen.
Wohlgemerkt, es soll hier nicht einer unkritischen Remythologisierung das Wort geredet werden. Die Entwicklung eines rationalen Bewußtseins, das mit schmerzlichen Erfahrungen der einzelnen und der Menschheit erkauft wurde, soll nicht etwa rückgängig gemacht werden, sondern kann jetzt auf einer höheren Bewußtseinsebene in den rechten Zusammenhang gebracht werden. Die Erfolge und Errungenschaften, die wir der Vernunft verdanken, sollen in keiner Weise geschmälert werden. Nur wenn man glaubt, man könne mit Hilfe der Rationalität die letzten Rätsel der Welt und des Menschen erklären, oder wenn man glaubt, es ginge letztlich darum, daß das be-

wußte Ich möglichst alles unter Kontrolle seines Verstandes bringe, dann wird diese hybride Einstellung zu fataler Einseitigkeit und zur Inflationierung des Ich führen.
Unsere Beschäftigung mit Mythen sucht nicht den Weg zurück ins Reich der Unbewußtheit oder ein völliges Zurückgleiten in die Sprache der Bilder. «Der Widerstand des Bewußtseins gegen das Unbewußte sowohl wie dessen Unterschätzung ist eine historische Entwicklungsnotwendigkeit, denn sonst hätte sich das Bewußtsein überhaupt nie vom Unbewußten differenzieren können. Das Bewußtsein des modernen Menschen hat sich aber etwas zu weit von der Tatsache des Unbewußten entfernt. Man hat sogar vergessen, daß die Psyche keineswegs unsere Absicht, sondern größtenteils autonom und unbewußt ist. Daher veranlaßt beim Kulturmenschen die Annäherung des Unbewußten einen panischen Schrecken, nicht zum geringsten Teil wegen der bedrohlichen Analogie mit Geistesstörung. Das Unbewußte als ein passives Objekt zu ‹analysieren›, hat für den Intellekt nichts Bedenkliches; im Gegenteil entspräche eine solche Tätigkeit der rationalen Erwartung. Das Unbewußte aber geschehen lassen und es erleben wie eine Wirklichkeit, das übersteigt Mut sowohl wie Können des Durchschnittseuropäers. Er zieht es vor, dieses Problem einfach nicht zu verstehen. Für die Schwachen im Geiste ist es auch besser so; denn dieses Ding ist nicht ungefährlich.»(7)
Das Land, das wir dem Meer der Unbewußtheit einmal entrissen haben, soll auf keinen Fall wieder preisgegeben werden. Aber es kann gut sein, sich auf den Ursprung zu besinnen, den Anfang des Weges ins Auge zu fassen, wenn man zu einem Ziel unterwegs ist. Vielleicht hatte man schon am Beginn eine richtige Ahnung, eine intuitive Schau von dem anzustrebenden Ziel. Der Aufbruch ist mindestens so wichtig wie das Weitergehen.

Fragen wir also, was die Sphinx uns auf unserem Wege der Bewußtseinsentwicklung für klärende Anregungen geben kann.
Nach Demisch repräsentiert die Sphinx von Gise «den König (in Horus-Gestalt) als Anbeter des Sonnengottes Re. Demnach wäre die Sphinx nicht als ein verehrtes, sondern als ein verehrendes Wesen konzipiert worden! ... Dagegen kennen wir keine Sphinx, die einen eigenen Kult empfängt, wiewohl von ihr göttliche Unnahbarkeit ausgeht, wenn sie in Hüterfunktionen vor einem Sakralbereich erscheint.»(2)
Die Sphinx und damit auch der König weisen über sich selbst hinaus auf eine überpersönliche, göttliche Kraft. Welch ein Unterschied zu den uns bekannten Denkmälern von Kaisern, Königen und Fürsten, die auf den Betreffenden hinweisen und ihm Ehre erweisen sollen!
Diese überpersönliche, transzendente Kraft, auf die der König als Sphinx hinweist, ist der Sonnengott Re; eine Gestalt der Mythologie. Wenn wir heute von überpersönlicher, transzendenter Kraft sprechen, wollen wir damit nicht etwa die Welt der Geister und Dämonen wiederbeleben.
Aber ich glaube, daß es außer dem Ich als Zentrum meiner bewußten Persönlichkeit eine meinem bewußten Willen nicht unterstehende steuernde Funktion gibt, die C. G. Jung das «Selbst» oder etwa Graf Dürckheim das «Wesen» nennen. Das Selbst oder das Wesen ragen in die Unendlichkeit des Unbewußten hinein und sind numinoser, oder wenn man so will, «göttlicher» Natur. Man könnte also sagen: Ich rage mit meinem Selbst in das unendliche, mir unbewußt bleibende Göttliche hinein.
Graf Dürckheim(8), der ja unterscheidet zwischen dem Körper, den ich habe und der effizient sein soll, und dem Leib, der ich bin, hat die Beziehung zwischen dem Leibhaftigen und dem Wesen sehr treffend ausgedrückt, wenn er sagt, daß mein We-

sen sich in meinem Leib, der ich bin, inkarnieren will, daß mein Leib die immanente Transzendenz transparent werden lassen soll. Der Begriff «immanente Transzendenz» will besagen, daß die überpersönliche Kraft nicht in einer ganz anderen, überweltlichen Sphäre zu denken ist, sondern daß ich mit meinem Wesen in diese transzendenten Bereiche hineinrage, unmittelbar mit ihnen in Verbindung stehe. Ich rage mit meinem Selbst in die Unendlichkeit des Unbewußten hinein, während das Selbst mit meinem bewußten Ich in einer Verbindung steht, die man sich vorstellen kann, wie die Verbindung zwischen dem unendlichen und dem endlichen Brennpunkt einer Parabel.[8a]

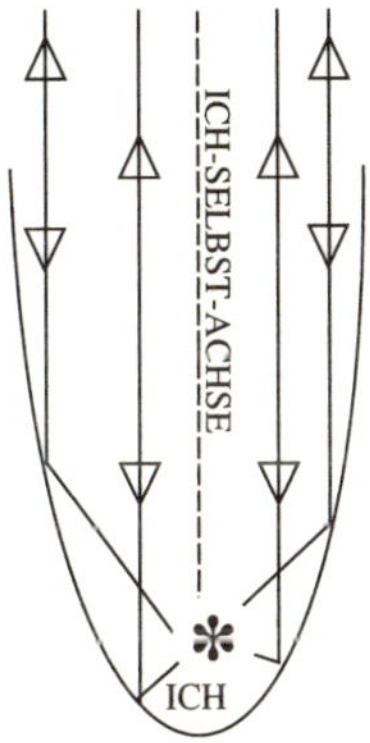

Die Brennstrahlen vom unendlichen Brennpunkt werden durch die Parabel in den endlichen Brennpunkt gelenkt, und umgekehrt werden die Brennstrahlen vom endlichen Brennpunkt durch die Parabel zu Parallelstrahlen, die sich im unendlichen Brennpunkt schneiden.

Dieses Beispiel aus der Mathematik kann natürlich nicht die Existenz des Selbst beweisen oder etwas Genaueres über dessen Wesen aussagen, es soll nur die Beziehung zwischen Ich

und Selbst etwas besser veranschaulichen, als es mit bloßen Begriffen möglich ist.
Aber wenn ich einen Mathematiker frage, ob er schon einmal den unendlichen Brennpunkt einer Parabel gesehen habe, so muß er das verneinen und wird darauf hinweisen, daß es ihn geben müsse, denn sonst würde ja das theoretische Gebäude der Mathematik an einer Stelle zusammenstürzen. Man könne also getrost von der Existenz des unendlichen Brennpunktes einer Parabel ausgehen, denn wenn man an ihn glaube, habe doch das ganze System seine Richtigkeit, ansonsten bestehe doch eine unerklärliche Unstimmigkeit.
In ähnlicher Weise kann ich von der Existenz des Selbst als einem unendlichen Brennpunkt meiner Persönlichkeit ausgehen, der mit dem Ich als Zentrum meiner bewußten Person in unmittelbarem Zusammenhang steht. Ich kann an dieses Selbst glauben, auch wenn ich seine Existenz nicht beweisen kann. Wenn ich offen bin für seine Wirkungen auf mein bewußtes Ich, werde ich vielleicht die Erfahrung machen, daß ich mit mir selbst und der Welt in Einklang komme; also im besten Sinne des Wortes eine Selbst-Erfahrung.
Welche zentrale Bedeutung eine solche Selbst-Erfahrung im Laufe einer Psychotherapie haben kann, schildert C. G. Jung in eindrucksvoller Weise: «Als Arzt ist es meine Aufgabe, dem Patienten zur Lebensfähigkeit zu verhelfen. Über seine letzten Entscheidungen kann ich mir darum kein Urteil anmaßen, weil ich aus Erfahrung weiß, daß jeder Zwang, sei es leise Suggestion oder Zureden oder sonstige Alterierungsmethoden, letzten Endes nichts bewirkt als eine Verhinderung des höchsten und entscheidenden Erlebnisses, nämlich des Alleinseins mit seinem Selbst, oder was für einen Namen man immer der Objektivität der Seele beilegen mag. Er muß schon allein sein, um zu erfahren, was ihn trägt, wenn er sich nicht mehr tragen kann.

Einzig diese Erfahrung gibt ihm eine unzerstörbare Grundlage.»[7]

Wenn ich von überpersönlichen, transzendentalen oder gar göttlichen Kräften sprach, so mag das manchem Leser vielleicht zu diffus oder zu religiös geklungen haben. Darum möchte ich ausdrücklich betonen, daß ich einerseits nichts von Gott im Sinne kirchlicher Institutionen aussagen will, ja gar nicht kann, aber andererseits für mich die Existenz und Wirkung des Selbst genau so sicher ist, wie der unendliche Brennpunkt einer Parabel für den Mathematiker. Ich will und kann mir nicht anmaßen, irgendetwas über das Wesen Gottes auszusagen. Mit «göttlich» meine ich einfach ein Element, das über die Grenzen meines bewußten Ich hinausragt und mit rationalen Mitteln nicht zu erfassen ist. Dieses Göttliche verstehe ich etwa in dem Sinne von Jung, wenn er sagt, daß er es für eine Blasphemie halte, daß sich Gott ausgerechnet in der menschlichen Seele nicht offenbaren würde.[7] Jung hat ja auch immer wieder betont, daß er nichts über das Wesen Gottes aussagen könne, aber dennoch an eine numinose, das bewußte Ich transzendierende Kraft glaube. Als Jung bei einem Interview gefragt wurde, ob er an Gott glaube, meinte er, daß er nicht glaube, sondern wisse, daß es ein göttliches Wesen gebe.

Was hat das Ganze nun mit der Sphinx zu tun? Wenn ich von der Sphinx als dem leibhaftig Begreifbaren sprach, so war das nur eine Seite ihrer Erscheinung. Sie hat eine numinose Ausstrahlung, weist über sich hinaus auf die Erscheinung des Gottes hin. Das ist ihr mit dem Verstand nicht zu begreifendes Geheimnis.

Sie hat einerseits eine tierische Komponente, wobei diese nicht von vorneherein als etwas niederes eingestuft werden soll. Schließlich verkörpert sie ja auch einen Löwen, der als König der Tiere gilt und als Löwe von Juda sogar mit Christus in Zusammenhang gebracht wird. Dem Löwen wird auch in der Symbolik die Sonne zugeordnet, er ist also auch in Verbindung mit dem Sonnengott Re zu sehen. Psychologisch kann man ihn als einen animalischen Selbstaspekt betrachten.

Die Sphinx wäre also ein Symbol, das gewaltige Gegensätze in sich umspannt, das Tierische und das Überpersönliche, die animalische Begrenztheit und die göttliche Unendlichkeit. Die Sphinx liegt zwar leibhaftig im Hier und Jetzt, wie sie es seit mehr als 4000 Jahren tut, aber ihr Blick ist in die Unendlichkeit gerichtet und weist damit auch weit über sich hinaus.

Vielleicht will sie nur damit sagen, daß sie – und das gilt auch für uns – nicht Mittelpunkt der Welt ist, sondern auf eine das Schicksal des einzelnen – und des Königs – übersteigende Dimension hinweist. Wenn ich diese Dimension, die dem Selbst als Zentrum der bewußten und unbewußten Persönlichkeit zuzuordnen ist, anerkenne, bin ich zwar nicht der Mittelpunkt der Welt, aber lebe aus meiner Mitte heraus und bin zugleich mit dem Kosmos in Einklang.

Die Sphinx begleitet gleichsam entscheidende Phasen des Weges menschlicher Bewußtwerdung und übt als numinoses und wirkkräftiges Symbol selber wesentlichen Einfluß auf diese Bewußtwerdung aus, wenngleich sie sich selber immer wieder in den rätselhaften Schleier ihres Geheimnisses hüllt. Ihr Blick ist in die Unendlichkeit gerichtet, sie existiert in dieser Welt und ist doch nicht von dieser Welt; sie kann mit nur weltlichem Denken nicht begriffen und erfahren werden. Sie ist Ausdruck des begreifbar Leibhaftigen und zugleich des unbegreifbaren Geheimnisses einer transzendentalen Wirklichkeit.

Der gute Sphinx – die böse Sphinx

Im ersten Kapitel wies ich bereits darauf hin, daß es ursprünglich in Ägypten der Sphinx hieß, während der griechischen Sphinx dann das weibliche Geschlecht zugeordnet wurde. Der Sphinx war mit dem Göttlichen verbunden, während die Sphinx ein gefürchtetes Ungeheuer war. Betrachten wir diese gegensätzlichen Aspekte der Sphinx doch einmal etwas genauer.

Nach Demisch hat die Sphinx häufig die Funktion eines Wächters, und das, «was sie bewacht, ist ursprünglich ein Heiliges, ein Göttliches». Es ist strittig, ob die Sphinx von Gise «selbst als Gottheit erscheint..., von Anfang an Kultbild des Sonnengottes Chepre-Re-Atum war oder ob sie den König als Inkarnation des Gottes Horus darstellte». Etwa zur gleichen Zeit gab es «die frühesten sicheren Beispiele einer die Gottheit verehrenden Königs-Sphinx... mit Amenophis IV. Echnaton als Sphinx unter der göttlichen Atonsonne». «Auch in Vorderasien tritt die Sphinx in der Nähe einer Erscheinenden Gottheit auf».(2)

Selbst in Griechenland kommt die Sphinx in Verbindung mit Gottheiten vor, z. B. in begleitender Funktion bei Hermes, Aphrodite und Athene (Abb. 6, 7 u. 8).

Die Thebanische Sphinx jedoch war ein furchtbares, männerverschlingendes Ungeheuer. Schon die Beschreibung ihrer Herkunft klingt ungeheuerlich.

«Sie ist eine Tochter der Echidna, eines Mischwesens, oben

eine schöne Jungfrau, unten eine greuliche Schlange. Dieses Doppelwesen entspricht dem Bild der Mutter: oben die menschliche, liebenswerte, anziehende Hälfte, unten die animalische ... furchtbare Hälfte ... Echidna selber ist die Mutter aller Schrecken, der Chimära, Scylla, Gorgo, des scheußlichen Cerberus, des nemeischen Löwen und des Adlers, der des Prometheus Leber fraß, außerdem zeugte sie noch eine Reihe von Drachen.»(3) Mit einem ihrer Söhne, dem Hunde Orthrus, «erzeugte Echidna in blutschänderischem Beischlaf die Sphinx»(3).

Noch bildhafter wird Echidna von Hesiod in seiner «Theogonie» beschrieben: «Zur Hälfte ein Mädchen / Mit geschwungenen Augen und schönen Wangen, / Zur andern Hälfte aber ein Ungeheuer, / Eine Schlange furchtbar und riesig, / Sich windend, wild, in den Tiefen der heiligen Erde.»(2)

Schauen wir uns auch noch etwas in der näheren Verwandtschaft von Echidna und ihrer Tochter, der Sphinx, um. «Auch der Nemeische Löwe war ein Kind von Echidna und Orthros. Zuvor hatte Echidna aus der Verbindung mit Typhon den dreiköpfigen Höllenhund Kerberos zur Welt gebracht, ferner die vielköpfige Wasserschlange Hydra, die feuerspeiende Ziege Chimaira (mit Löwenhaupt und Schlangenkopfschwanz) und den zweiköpfigen Hund Orthros. In jenem uralten, vor Hesiod gewiß schon mündlich überlieferten Mythos, ist die Sphinx also eng verwandt mit Mischwesen düster-dämonischer Natur. Dazu paßt, daß nach der populären Anschauung nicht Orthros, sondern Typhon, der schlangenleibige Gaia-Sohn mit 100 Schlangenköpfen, der Erzeuger der Sphinx war.»(2)

Wenn wir uns außerdem vergegenwärtigen, daß Typhons Vater Tartaros die personifizierte Unterwelt war, der gemeinsam mit seiner Schwester Gaia auch Echidna erzeugte, so wird deutlich, welch starke und direkte Beziehung die Sphinx von ihrer Herkunft her mit der Erdgöttin und Urmutter Gaia hatte, die ja gemeinsam mit Tartaros und Eros aus dem Chaos geboren wurde.

Welche ungeheure Spannbreite offenbart sich in dem Wesen, das uns unter so verschiedenen Darstellungsformen und Bedeutungsgehalten im Laufe der Jahrhunderte entgegentritt und mit dem gleichen Namen Sphinx belegt wird. Demisch sagt mit Recht, «daß die ‹nationalen› Sphinxtypen als Verkörperungen ein und desselben Phänomens verstanden werden»[(2)]. Es geht mir hier nicht darum, die jeweilige Bedeutung der verschiedensten Sphinxdarstellungen im Laufe der Jahrhunderte und in zahlreichen Kulturkreisen zu erörtern. Vielmehr möchte ich das Symbol der Sphinx als Ganzes sehen, das die unterschiedlichsten und gegensätzlichsten Aspekte in sich enthält. Und wie wir bereits sahen, ist die Sphinx einerseits den Göttern nahe, andernorts stammt sie von Ungeheuern ab. Aber gerade diese Gegensatzspannung macht ihre Größe als Symbol und ihre bis heute ungebrochene Lebendigkeit aus. Die Sphinx lebt mit diesem Konflikt und kann uns damit als Wegweiserin dienen in Situationen, wenn wir aus einer Gegensatzspannung, die gelebt und ausgehalten werden will, in eine bequemere Einseitigkeit ausweichen wollen. C. G. Jung sagt: «Aller Gegensatz ist Gottes, darum muß sich der Mensch damit belasten, und indem er es tut, hat Gott mit seiner Gegensätzlichkeit von ihm Besitz ergriffen, d. h. sich inkarniert. Der Mensch wird erfüllt vom göttlichen Konflikt.»[(9)]

Natürlich stellte ich mir die Frage, warum die ägyptische Sphinx einen numinosen Charakter hat und vorwiegend männlicher Natur ist, während die griechische Sphinx weiblichen Geschlechts ist und ein Ungeheuer darstellt. Man könnte ganz einfach sagen, daß es typischerweise einer patriarchalen Geisteshaltung entspreche, dem männlichen Wesen die urmenschlichen, guten und dem weiblichen Wesen die ungeheuerlichen, bösen Aspekte zuzuordnen.

Aber das ist sicher nur eine Teilwahrheit und eine zu vordergründige Erklärung eines sehr komplexen Sachverhaltes. Zu verschieden ist auch der kulturelle und religiöse Hintergrund bei den Ägyptern und Griechen. Aber vielleicht hilft es uns doch etwas weiter, wenn wir die Schöpfungsmythen der beiden Kulturkreise auf den Uranfang hin befragen. Da fällt uns zunächst einmal auf, daß «die Urgestalt des alles zeugenden Atum»(10) männlicher Natur ist. Aus ihm gehen in drei nachfolgenden Generationen vier Götterpaare hervor. Diese Götterachtheit wird zusammengefaßt in dem Namen Amon als dem einigenden Prinzip, das aber zugleich den Uranfang (Atum) darstellt. Dem ersten Schöpfergott, der sich aus einem Ur-Ei selbst geschaffen hat, gilt ein Hymnus, der auf einem Papyrus aus Theben (ca. 1300–1200 vor Christus) aufgezeichnet ist:

«Der zuerst im Uranfang entstandene,
Amon, der Erstentstandene,
dessen Gestalt niemand kennt.
Kein Gott entstand vor ihm . . .
er hatte keine Mutter,
ihn beim Namen zu rufen,
keinen Vater, der ihn zeugte
und sagen konnte: ‹Das bin ich!›
Der sein Ei selbst bildete,
eine Macht von geheimer Abkunft.
Der seine Schönheit selbst schuf,
der göttliche Erste, der von selbst entstand!

Alle anderen Götter entstanden,
nachdem er mit sich selbst den
Anfang gesetzt.»[6]

Wie anders stellen sich die Griechen die Weltentstehung vor! Hier steht am Anfang ein weibliches Prinzip mit breiter Brust, Gaia, die Mutter Erde, die Uranos, den männlichen Himmel aus sich hervorbringt. Hesiod hat in seiner Theogonie die Entstehung der Götter und der Welt in faszinierender Weise beschrieben:

«Wahrlich, zuallererst entstand
die gähnende Leere (Chaos),
alsdann aber die Erde (Gaia)
mit ihrer breiten Brust,
fort und fort sicherer Sitz von allen, . . .
Die Erde (Gaia) aber brachte zuerst hervor
gleich weit wie sie selber
den Himmel (Uranos), den gestirnten,
daß er sie überall einhülle,
auf daß er sei den seligen Göttern
fort und fort Sitz ohne Wanken.»[6]

Aus dem Chaos hat sich Gaia selbst erzeugt, um dann aus sich den Himmel (Uranos) hervorzubringen. Uranos ist ihr Sohn und Gatte zugleich, bedeckt sie jede Nacht, liegt auf ihr und befruchtet sie.
Ich finde es interessant, daß auch hier die Ägypter eine umgekehrte Vorstellung hatten. Bei ihnen ist es die Himmelsgöttin Nut (auch Hathor als Himmelskuh mit den Sternen an ihrem Bauch), die sich auf den männlichen Erdgott Geb herabläßt, und diese beiden zeugen dann weitere Götter.

Während es bei den ägyptischen Göttern relativ friedlich zugeht – sieht man einmal vom Kampfe Seths gegen seinen Bruder Osiris ab –, so ist bei den Griechen Kampf und Zwietracht von Anbeginn mit im Spiele; hier kämpfen Götter gegeneinander, nicht nur einzelne, sondern ganze Gruppen.
Die Götterfamilie wird bereits recht früh mit dem ersten «ödipalen» Konflikt konfrontiert. Mutter Gaia verbündet sich mit Sohn Chronos gegen ihren Gatten Uranos und veranlaßt den Sohn, seinen Vater mit der von ihr bereitgestellten Sichel zu kastrieren. Daraus resultiert wohl die zumeist verdrängte Kastrationsangst vieler Väter, vor allem auch solcher im übertragenen Sinne.
Von den Blutstropfen, die bei der Entmannung des Uranos auf die Erde fallen, gebar Gaia später die Erinnyen, jene furchtbaren Rachegöttinnen, und die wilden Giganten, aber auch die naturverbundenen Nymphen; und an der Stelle, wo die Geschlechtsteile des Uranos ins Meer fielen, wurde Aphrodite, die Göttin der Liebe und Schönheit, aus dem Schaum des Meeres geboren. So hat die böse Tat furchtbare Folgen, aber auch erfreuliche. Die Griechen dachten von vornherein mehr in Gegensätzen.
Noch deutlicher wird aber der Unterschied zu den ägyptischen Vorstellungen, wenn wir die Natur der folgenden Generationen betrachten. Gingen aus dem Chaos Gaia, Eros und Tartaros hervor, so entstand Gaias Sohn Uranos, der dann ihr Gatte wurde, ohne Zutun eines Mannes. Aus der Vereinigung von Gaia und Uranos entstanden die Titanen und Titaninnen – darunter auch Chronos und Rhea –, aber auch die Kyklopen und hundertarmigen Riesen. Aber Gaia erzeugte außerdem mit ihrem Bruder Tartaros die Ungeheuer Typhon (mit hundert Schlangenköpfen) und Echidna (halb schönes Weib, halb Drache oder Schlange). Aus der Verbindung von Typhon und

Echidna gehen wiederum verschiedene Ungeheuer hervor, z. B. der dreiköpfige Höllenhund Kerberos, die Wasserschlange Hydra mit ihren vielen Köpfen, ferner Chimaira, eine feuerspeiende Ziege mit Löwenkopf und Schlangenschwanz, der hundertköpfige Drache Ladon, der die Äpfel der Hesperiden bewachte, der Adler, der die Leber des Prometheus zerhackt, und schließlich der Hund Orthros mit zwei Köpfen. Aus dessen Verbindung mit seiner Mutter Echidna entsprangen die Sphinx (nach anderer Version stammt die Sphinx aus der Vereinigung von Typhon und Echidna) und der Nemeische Löwe.
Die Griechen wußten wohl, daß das Ungeheuerliche von Anbeginn an zu dieser Welt gehört. Wenn man das nicht in Rechnung stellt, wird man der Realität dieser Welt nicht gerecht. Wir erleben doch auch heute noch, daß das Idealbild von einer heilen und schönen Welt allzu trügerisch ist und in seiner Einseitigkeit zu herben Enttäuschungen und schmerzlichen Erfahrungen führen muß. Daran ändern auch geistige Höhenflüge und neue technische Errungenschaften nichts; auch diese bringen wiederum neue Ungeheuerlichkeiten hervor.
Ist die Sphinx mit ihrem ungeheuer breiten Bedeutungsspektrum vielleicht gar ein Symbol, das im Laufe seiner Entwicklung das Numinose und das Furchtbare, das Erhabene und das Ungeheuerliche, in sich vereinigt?
Bekanntlich ist ja das Numinose faszinierend und furchterregend zugleich. Die Sphinx als Symbol kann uns also vor den obengenannten Einseitigkeiten in unserer Weltsicht bewahren und uns helfen, mit der ganzen Wirklichkeit, der hellen und dunklen, der guten und bösen, der schönen und häßlichen, der vertrauten und ungeheuerlichen, der beglückenden und schadenbringenden in Einklang zu gehen.
Wie sagt doch Faust in der Tragödie zweiter Teil zu den Sphingen und Greifen:

«Wie wunderbar! Das Anschaun tut mir Gnüge,
im Widerwärtigen große, tüchtige Züge . . .
Von diesen treu und ohne Fehl bewahrt.
Vom frischen Geiste fühl ich mich durchdrungen;
Gestalten groß, groß die Erinnerungen.»[11]

Und schließlich weisen ja die Sphingen Faust den Weg zu Helena.

Für Rilke ist das Häßliche die Maske des Schönen. Beide gehören zusammen wie Tag und Nacht oder Leben und Tod, sind nur verschiedene Aspekte ein und derselben Wirklichkeit, und mit beiden müssen wir leben.

Auch die Griechen lebten mit beiden. So hatte der zweiköpfige Hund Orthros –Vater oder/und Bruder der Sphinx – auch die Funktion, das Neujahr Athens zu verkünden. Er schaute «in zwei Richtungen: vorwärts zu dem neuen Jahr, rückwärts zu dem alten . . .»[12]

Abb. 8: Aphrodite mit Granatapfel, Terrakotta, Zypern, 6. bis 5. Jh. v. Chr.,
Britisches Museum, London

Abb. 9: Sphinxskulptur auf einer Grabstele, Marmor, Attika, 550/525 v. Chr., Metropolitan Museum of Art, New York

Abb. 10: Tetramorph als Reittier der Kirche am «Lebenden Kreuz», Fresko von Giovanni da Modena, 1421, Bologna, S. Petronio. Foto: Archivi Alinari, Florenz

Abb. 11: Rider-Tarotkarte X

Abb. 12: Marseille-Tarotkarte X

Die Sphinx als vereinigendes Symbol

Die Sphinx verbindet aber nicht nur göttliche Aspekte mit denen eines Ungeheuers, sondern vereinigt noch sehr viele andere Gegensätzlichkeiten in sich. Für Rasche steht die Sphinx für Ergänztheit, «sie verbindet die Gegensätze; heißt ‹sphingein› außer ‹würgen, zusammendrücken› nicht auch: verbinden? Dann wäre ‹Sphinx› selbst ein altes Wort für: das Verbindende, das ‹Symbol› »(4).

So verbindet die Sphinx auch die menschliche und die tierische Dimension. Sie hat menschliche Züge, schaut uns mit erhobenem menschlichem Haupt an und besitzt dennoch auch einen tierischen Körper. Geistiges und animalisches Prinzip sind in ihr miteinander vereint.

Hegel sagt von ihr in seinen Vorlesungen über die Philosophie der Weltgeschichte: «... das Geistige, das sich selbst klarmachen will, bricht aus dem Tierischen hervor... Der Mensch, der aus dem natürlichen Zustande hervortritt, ist in dem Bilde der Sphinx symbolisiert.» Andererseits betont Hegel: «Das Tier gilt hier nicht mehr als ein solches, sondern hat eine höhere Bedeutung.»(13)

Sind wir nicht immer wieder versucht, das «Tier» in uns abzuqualifizieren, es nur als etwas «niederes» zu betrachten und ihm daher überhaupt nicht mehr in seinem Wert gerecht zu werden? Wie wollte unsere sogenannte Seele denn ohne unseren tierischen Leib mit seinen animalischen (anima = Seele) Qualitäten überhaupt in dieser Welt zurechtkommen? Sagte nicht

Nietzsche, der Mensch sei das noch nicht festgestellte Tier? Wir sollten das nicht negativ sehen, sondern gerade darin liegt ja auch die Freiheit des Menschen begründet, eben in einem noch nicht «Festgestelltsein». Andererseits ermöglicht ihm erst seine animalische Natur die Orientierungs- und Handlungsfähigkeit in dieser Welt. Der Körper ist nicht nur das Gefängnis der Seele, sondern auch ihr Gefäß, der Ort ihrer Inkarnation, durch den sie transparent werden kann – für alle anderen sichtbar und erfahrbar. Mit Recht warnt Demisch daher vor der irrigen Auffassung, «das menschliche Antlitz der Sphinx repräsentiere gegenüber ihrem tierischen Leib eine höhere Stufe. Wenn das entwicklungsgeschichtlich auch richtig ist, so verweist jedoch gerade die mythische und religiöse Symbolik der Tierkomponente auf die höchsten und für das Altertum heiligsten Ursprünge des Daseins.»(2)

Das «Tier» in uns will angenommen, entfaltet und kultiviert werden, dann wird es aus seiner «niederen» Daseinsform erlöst, dann kann sich «Menschsein» ereignen im vollen Ja zum Körper und seinem Gebundensein an die animalische Sphäre. Menschsein im eigentlichen Sinne kann sich nicht im rein geistigen Bereich, im Abheben von der Erde, verwirklichen. Zum vollen Menschsein gehören Leib, Seele und Geist, wie wir es auf alten alchimistischen Abbildungen dargestellt sehen, wobei diese Dreiheit unten auf dem Chaosdrachen steht, während oben der Vogel als Symbol der Geistwelt zu sehen ist.

Der reine «Geistmensch» ist nur eine Karikatur des Menschen. Nicht umsonst «ist das Wort Fleisch geworden und hat unter uns gewohnt». Und selbst nach seinem Tode hat Christus nicht auf seinen Leib verzichtet, und er wurde «leibhaftig» in den Himmel aufgenommen. Was hat die kirchliche Lehre und Tradition aus dieser wunderbaren Wirklichkeit gemacht, wie konnte der Leib, vor allem der weibliche, im Christentum so abgewertet und dem sogenannten «Fürsten dieser Welt» überlassen werden? Wie sollen der Leib und damit auch seine Triebhaftigkeit in ihrer ursprünglichen Lebendigkeit kultiviert und durch Seele und Geist veredelt werden, wenn er zuvor schon abgewertet und verteufelt worden ist? Diese «Sünde wider den Leib» schreit gen Himmel. Aber die Sphinx als Symbol des Überdauerns war vor dieser Art von Christentum da und wird es auch überleben, während sie mit ihrem Blick in unendliche Weiten die harmonische Einheit von Leib, Seele und Geist verkündet.

Wenn es eine unsterbliche Seele gibt, so hat sie wahrscheinlich auch schon vor dem Entstehen meines Leibes existiert, wie sie ja auch meinen Leib überdauern wird. Ist also unser Leib auch nur der vorübergehende Wohnsitz unserer Seele, so bekommt er doch durch die Verbindung mit der Seele eine göttliche Würde. Warum hätte wohl Christus sonst beim Abendmahl über das Brot gesprochen: «Das ist mein Leib ... Tuet dies, sooft ihr es tut, zu meinem Gedächtnis.»?

Nach den apokryphen Apostelakten des Andreas und Matthias werden Sphingen auch in Verbindung zu Christus gebracht: «Und Jesus betrachtete von rechts und von links (das Innere) des Tempels und sah zwei in Stein gehauene Sphingen, eine auf der rechten und eine auf der linken Seite. Und Jesus wandte sich zu uns und sprach: Betrachtet das Abbild des Himmels. Dies Bild gleicht dem (der) Cherubim und Seraphim im Himmel. Dann schaute Jesus zu der Sphinx zur Rechten und sprach zu ihr: Ich sage dir, dem Bild am Himmel, löse dich von Deinem Platz und komme herab, antworte, beweise den Hohenpriestern und zeige ihnen, ob ich Gott bin oder Mensch. Und sofort sprang in jener Stunde die Sphinx auf, nahm menschliche Stimme an und rief: O, ihr törichten Söhne Israels, denen nicht nur die Blindheit des eignen Herzens genügt, die nun auch noch andere blind machen wollen, (so) wie sie selbst es sind, indem sie behaupten, Gott sei ein Mensch. Er ist es, der von Anbeginn den Menschen schuf und seinen Hauch in allem gab, der alles, was ohne Bewegung war, in Bewegung versetzte» (zitiert nach [(2)]). Mit vielen Beispielen bezeugt die Sphinx dann die Gottheit von Jesus.

Hier wird also die Sphinx von Christus «auf die höchsten Stufen der christlichen Engelhierarchie» versetzt. «Die Cherubim und Seraphim stehen nach der Engellehre des Dionysios Areopagita innerhalb der neun Engelchöre unmittelbar unter der göttlichen Dreifaltigkeit» (zitiert nach [(2)]).

Doch zurück zur Sphinx als einigendem Symbol. Sie steht auch für die Verbindung von Bewußtsein und dem Unbewußten. Sie will uns warnen vor der Überbewertung bloß einer Hemisphäre unseres Gehirns, will uns vor dem Verrennen in die Einseitigkeit purer Rationalität bewahren. Ihr Löwenleib will uns daran erinnern, daß der Löwe als König der Tiere einen animalischen Selbstaspekt darstellt, ein Bild beherrschter Instinkthaftigkeit, die den Menschen oft sicherer führt, als wenn er sich seinen allzu vernünftigen Plänen überläßt. Leider haben viele Menschen die natürliche Beziehung zu ihren Instinkten verloren, sind instinktlos geworden, damit auch unsicherer und verletzlicher in dieser Welt. Ich bewundere immer wieder solche Menschen, die mit instinktiver Sicherheit ihren Weg finden, dem Löwen als Führer in sich vertrauend.

Wie wir bereits im vorigen Kapitel sahen, hat die Sphinx im Laufe ihrer Entwicklung sowohl männliche als auch weibliche Züge. Dabei verstehe ich männlich nicht als dem Mann zugehörig und weiblich als der Frau zugeordnet, sondern Mann und Frau haben sowohl männliche als auch weibliche Elemente in sich, wobei die gegengeschlechtlichen Anteile im allgemeinen zunächst noch mehr unbewußt sind und erst im Laufe des Lebens ins Bewußtsein gehoben und ins Leben integriert werden können.

Wenn auch die thebanische Sphinx als Ungeheuer weiblichen Geschlechts ist, so gibt es doch von den ersten ägyptischen Anfängen bis in unsere Zeit hinein eine ungeheure Fülle von weiblichen Sphingen mit positivem Bedeutungsgehalt. Die Sphinx weist uns immer wieder darauf hin, daß es unser Ziel ist, ein ganzer Mensch zu werden, d. h. mit Männlichkeit und Weiblichkeit. Denn «als Gott den Menschen schuf, erschuf er ihn als Gottes Ebenbild. Als Mann und Frau erschuf er sie, segnete sie und gab ihnen den Namen Mensch, als sie erschaffen waren». (Genesis 5, 1–2) Wenn es also heißt, daß Gott den Menschen nach seinem Ebenbild erschuf, dann dürfen wir getrost davon ausgehen, daß die anthropomorphen Vorstellungen einer patriarchalen Religion von Gott als einem männlichen Wesen dem allumfassenden, unendlichen Gott nicht gerecht werden, dessen Weltenschöpfung nicht als die Tat eines omnipotenten männlichen Creators angesehen werden kann, sondern als gemeinsames Werk eines männlich-weiblichen göttlichen Paares. So heißt es ja auch von der Sophia im Buch der Sprüche:

«Ich ward bestellt von Ewigkeit her.
Von Anbeginn,
Vor dem Ursprung der Welt . . .
Als er den Himmel baute, war ich dabei,
Als er abmaß die Wölbung über den Wassern der Flut.
Als er in der Höhe die Wolken ballte,
Als er anschwellen ließ die Quellen der Tiefflut,
Als er dem Meer seine Schranken setzte,
Daß nie die Flut überschritt ihr Ufer,
Als er gefestigt der Erde Säulen,
Da stand ich, sein Liebling, an seiner Seite.»[14]

In einem katholischen Alten Testament mit kirchlicher Druckerlaubnis fand ich zu dieser Stelle folgende Anmerkung: «Gott ist der Schöpfer, aber die Weisheit steht ihm zur Seite, die ihm den Plan, nach dem er tätig ist, an die Hand gibt; sie freut sich über ihre Mitarbeit und über die geschaffenen Werke.»(14)
Von ihr heißt es im Buche der Weisheit: «Sie war zugegen, als Du das Weltall schufst», und an anderen Stellen: «Wenngleich nur eine, vermag sie doch alles. Sie bleibt in sich selbst und schafft doch alles neu ... Sie erstreckt sich voll Macht von einem Ende zum andern und durchwaltet aufs beste das All», und schließlich wird die Bezeichnung dieses göttlichen Schöpferpaares näher beschrieben: «Ihr hoher Adel wird daraus kund, daß sie mit Gott zusammenlebt und auch der Herr des Alls sie liebt.»(14)
Welch eine ungeheuer schöne, aber auch schwere Aufgabe für den Menschen, wenn er sich an seiner Ebenbildlichkeit mit Gott orientieren und sich um eine männlich-weibliche Einheit in sich bemühen will. Hier kann ihm die Sphinx in ihrer Ganzheit eine hilfreiche Wegweiserin sein.
Aber auch in ihrer weiblichen Form verbindet die Sphinx die furchtbaren, verschlingenden Aspekte des Weiblichen und vor allem des Mütterlichen mit denen der weiblichen Weisheit und Güte.
«Bei Sophokles heißt sie ‹Sängerin›, eine Bezeichnung, die sie als Wahrsprecherin kennzeichnet und die sie nicht nur mit Kassandra und den Bacchanten des Dionysos, sondern auch selbst mit den Sibyllen gemeinsam führt.»(15)
Apollodoros sagt, «die Musen hätten die Sphinx das Rätsel gelehrt – ein deutlicher Hinweis auf eine göttliche Inspiration», und nach Euripides fungiert die «weise Jungfrau» «als Repräsentantin der anderen Welt, der Welt der Götter und der Toten» (zitiert nach (2)).

Den Zusammenhang zwischen dem jugendlichen Aspekt des Weiblichen und dem der Großen Mutter finden wir treffend dargestellt in einer auf Sphingen thronenden Aphroditefigur (Abb. 8). Erich Neumann schreibt dazu: «Während im Hintergrund der Aphroditefigur die der großen Mutter als Herrin der Pflanzen und Tiere hindurchschimmert, ist sie im Vordergrund immer die junge und verführerische weibliche Göttin» und verkörpert so «das die Welt beherrschende – unindividuelle Liebes- und Sexualprinzip des Lebendigen»(16). Auf die Beziehung der Sphinx zur Liebe und Sexualität werde ich in einem späteren Kapitel noch ausführlicher eingehen.

Und wenn die Sphinx von Hera, der Hüterin der Ehe und der Konventionen nach Theben gesandt wurde im Sinne einer Bestrafung, so können wir die Sphinx als die andere Seite der Hera, als ihren dunklen, furchtbaren, verschlingenden Aspekt der Großen Mutter betrachten.

Bei der thebanischen Sphinx kommt das moralische Element der Strafe ins Spiel, während die ägyptische Sphinx einfach durch ihr Dasein wirkt und letztlich über sich hinaus auf das Göttliche hinweist. Mit dem Aspekt des Übersichhinausweisens sehen wir die Sphinx auch als Hüterin der Schwelle, der Grenze von Zeit und Zeitlosigkeit, von Leben und Tod. Sie gehört zu beiden Bereichen. Einerseits ist sie im Umfeld des Todes zu Hause, z. B. als Todesdämon oder auch als Grabwächter, und sie ist ja auch selber oft todbringend. Andererseits wird sie oft im Zusammenhang mit dem Motiv des «Lebensbaumes» dargestellt. Sphingen als Hüter des Lebensbaumes sind mit dem lebenspendenden und lebenserhaltenden Prinzip verbunden.

Als todbringendes Wesen begegnet uns die Sphinx bereits in Ägypten als «die Sphinx, die Feinde niedertritt», dann in Griechenland als Todesdämon, «als Vorbote oder Zeuge eines To-

desgeschehens», «als Repräsentantin jener Gruppe von Todesdämonen . . ., die sich überall dort einfinden, wo Todesgefahr auf den Menschen lauert, vor allem in der Schlacht, im ritterlichen Zweikampf und auf der Jagd»[(2)].
Der todbringende, männerraffende Charakter der Sphinx wird vom Chor der Frauen in den «Phönissen» des Euripides besungen (zitiert nach [(2)]):

«Du kamst, du kamst,
Flügelwesen, Kind der Erde
Und von Hadesgezücht,
Räuberin von Kadmos' Stamm;
Reich an Tod, reich an Leid,
Halb Tier, halb Mädchen,
Unselig Ungeheuer;
Mit wilden Flügeln,
Blutgierigen Krallen
Entrafftest Du von Dirkes Flur
Die Jünglinge.
Mit leierlosem Gesang,
Mit tödlichem Fluch
Brachtest du, brachtest du
Mördrisches Leid dem heimischen Herd.»

Demisch belegt auch mit zahlreichen Beispielen, wie die Sphinx in Griechenland erstmals als Grabwächter «an Grabeingängen, auf Grabstelen und Sarkophagen» auftritt (Abb. 9). Interessant ist hier die typologische Verwandtschaft mit Sphingen als Wächter in chinesischen Gräbern.
Doch ist die Sphinx nicht nur dem Tod, sondern auch zutiefst dem Leben zugewandt, besonders in der Funktion als Hüterin des Lebensbaumes oder auch das strömende oder sprudelnde

Lebenswasser flankierend. Der Lebensbaum, der im Vorderen Orient hohes Ansehen genoß, taucht erstmals im 3. Jahrtausend v. Chr. als künstlerisches und literarisches Motiv im unteren Mesopotamien auf. Als Beispiele bekannter Lebensbäume nennt Demisch die heilige Zeder, der Gilgamesch auf dem Wege zum «Lande der Lebenden» begegnet, dann die «Edelsteinbäume», die Gilgamesch in einem Garten findet, sowie das «Lebenskraut», in dem er das Leben finden wird. Des weiteren gehören in diese Aufzählung der Baum des Lebens im Paradies, der Lebensbaum «im iranischen Zend Avesta, in der indischen Mythologie (Kalpavrikshabaum), in Griechenland (Äpfel der Hesperiden) und bei den Germanen (Äpfel der Idhun, Weltesche Yggdrasil)»[(2)].

Nach Demisch repräsentiert der Lebensbaum «die Schöpferkraft kosmisch-göttlicher Mächte im Erdenraum. Daher trug er, zumindest ursprünglich, die höchste Numinosität in sich. Wenn in Vorderasien so oft Sphingen den Lebensbaum flankieren oder gar einen Lebensbaum auf dem Kopf tragen . . ., so kommt das ihrem Auftreten neben einer Erscheinenden Gottheit gleich.»[(2)] Auch in Ägypten und Griechenland gibt es das Motiv des Lebensbaumes mit flankierenden Sphingen, ferner in der christlichen Kunst und in der islamischen Welt.

Das biblische Viergetier

War die Sphinx ursprünglich ein Mischwesen aus Löwenleib und menschlichem Oberkörper, so kam es in Ägypten zur Ausbildung einer dreigliedrigen Sphinx, indem diese gelegentlich mit Flügeln versehen war. «In Vorderasien tragen seit dem 2. Jahrtausend v. Chr. zahlreiche geflügelte Löwensphingen eine Hörnerkrone, d. h. eine Kappe oder einen Helm mit einem oder zwei bzw. drei Paar Stierhörnern, die nach vorn aufwärts zusammengebogen sind. Die Hörnerkrone war ursprünglich ein nur den Göttern zustehendes Symbol.»[2]
Dieser Sphinxtyp wird wegen seiner vier Bestandteile (Mensch – Löwe – Stier – Adlerflügel) als viergliedrige Sphinx bezeichnet, doch möchte ich hier gleich betonen, daß diese Sphinx nicht einfach die Summe ihrer einzelnen Bestandteile ist, sondern in der Vereinigung dieser vier Aspekte etwas Neues darstellt: nicht die Summe der vier, vielmehr als gelungene Verbindung der vier Elemente etwas fünftes, sozusagen die Quintessenz.
Die vier Elemente der vorderasiatischen Sphingen (Mensch, Löwe, Stier und Vogel) finden sich in den Symbolen wieder, die den vier Evangelisten zugeteilt werden: ein Mensch bzw. Engel dem Matthäus; ein Löwe dem Markus; ein Stier dem Lukas und ein Adler dem Johannes. Eine mögliche allegorische Erklärung für die Zuweisung der Symbole an die einzelnen Evangelisten nennt Demisch: «Johannes habe den Adler erhalten wegen der Erhabenheit des Prologes seines Evangeliums. Markus sei der

Löwe zugewiesen worden, weil das Markus-Evangelium mit der Predigt Johannes des Täufers in der Wüste beginnt. Der Stier deute auf das im Lukas-Evangelium geschilderte Opfer des Zacharias und der Engelmensch des Matthäus auf den Stammbaum Christi am Anfang des Matthäus-Evangeliums.» G. Schiller weist jedoch darauf hin, daß Irenäus schon im 2. Jahrhundert in diesen vier Symbolen eine Darstellung des viergestaltigen Heilswerks des Herrn und erst in zweiter Linie der Einheit des Evangeliums in seiner vierfachen Gestalt gesehen habe. «Bei Irenäus ist der Löwe zum königlichen Wesen Christi in Beziehung gesetzt, der Stier zu seinem Opfertod und Priesteramt, das menschengestaltige Wesen zur ersten Parusie als Mensch und der Adler zu Pfingsten.»[17]

Die Vierheit von Mensch, Löwe, Stier und Adler erscheint bereits in einer Vision des Propheten Ezechiel, der Anfang des 6. Jahrhunderts v. Chr. mit König Joachim in die Verbannung nach Babylon geriet und dort sein – im Vergleich zu anderen Propheten – mehr bildhaft wirkendes Buch schrieb. In einer Vision sah er einen Sturmwind hereinbrechen mit einer gewaltigen Wolke voll flackernden Feuers und von Lichtglanz umgeben. «Mitten darin erschienen Gestalten, die vier lebenden Wesen ähnlich waren.» Jedes von ihnen hatte vier Gesichter und vier Flügel. Ihre Gesichter aber sahen folgendermaßen aus: «Vorn hatten sie ein Menschengesicht, rechts ein Löwengesicht, links ein Stiergesicht, nach innen zu ein Adlergesicht... In der Mitte der Wesen war etwas, das aussah wie glühende Feuerkohlen, wie Fackeln. Diese fuhren zwischen den Wesen hin und her. Das Feuer hatte einen leuchtenden Glanz, und Blitze gingen aus dem Feuer hervor. Die Wesen liefen hin und her, so daß es aussah, als ob Blitze zuckten.»[14]

Vielleicht ist die Vision des Ezechiel von assyrischen viergliedrigen Mischgestalten mitbeeinflußt worden, an denen der Weg in die babylonische Gefangenschaft vorbeiführte.

Aber Demisch gibt für den Zusammenhang zwischen den viergliedrigen Sphingen und den vier Wesen eine meines Erachtens noch schlüssigere Erklärung, wenn er sagt: «Ezechiel muß zwingende Gründe gehabt haben, wenn er sich nicht scheute, die Vision einer numinosen Vierheit zu verkünden, die eine so frappierende Übereinstimmung mit den apotropäischen Skulpturen der verhaßten heidnischen Machthaber zeigte. Dafür gibt es wohl nur eine befriedigende Erklärung: den viergliedrigen Sphinxdarstellungen lag der Archetypus einer ähnlichen geistigen Erfahrung zugrunde wie der Vision des jüdischen Propheten». Er vermutet weiter, «daß Ezechiel seine Visionen in bestimmten seelisch-geistigen Tiefenschichten konzipiert hatte, wie zweitausend Jahre vor ihm die Initiatoren des Sphinxmotivs.»(2)

Wem fiele bei der Vision des Ezechiel nicht zugleich auch jene Stelle in der Geheimen Offenbarung des Johannes ein, wo es heißt: «Und von dem Thron gehen Blitze und Stimmen und Donner aus, und vor dem Thron brennen sieben Feuerfackeln, die die sieben Geister Gottes bedeuten. Und vor dem Thron ist es wie ein gläsernes Meer gleich Kristall; und in der Mitte des Thrones und rings um den Thron sind vier Wesen voller Augen vorn und hinten. Und das erste Wesen ist gleich einem Löwen, und das zweite Wesen gleich einem jungen Stier, und das dritte Wesen hat ein Angesicht wie das eines Menschen, und das vierte Wesen ist gleich einem fliegenden Adler. Und die vier Wesen, von denen jedes einzelne sechs Flügel hat, sind ringsherum und auf der Innenseite voller Augen...» (Offb. 4, 5–8).

Die Visionen des Ezechiel und des Johannes führten im christlichen Mittelalter zu künstlerischen Gestaltungen eines neuen

«Mischwesens», das dieselben Elemente enthält wie die viergliedrige vorderasiatische Sphinx. Demisch macht jedoch auf einen ganz wesentlichen Unterschied aufmerksam: während die Haltung der Sphinx prinzipiell von der Horizontalen des Tierleibes bestimmt wird und ihr ganzer Habitus der eines Tieres ist, erscheint der aus dem biblischen Viergetier heraus entwickelte «cherubinische Tetramorph» stets in aufrechter Haltung und mit dem Gesamthabitus eines Menschen. Demisch merkt noch an, daß der Terminus Viergetier «aus Luthers Übersetzung ‹Tiere› für die Wesen der Ezechiel- und Johannes-Vision»(2) resultiert. Das entsprechende Wort heißt sowohl im Hebräischen wie im Griechischen zunächst eigentlich Lebewesen und erst in zweiter Linie Tier.
Anhand einer Schilderung aus dem Märchen aus Tausendundeiner Nacht weist Demisch nach, daß derartige engelhafte «Mischwesen» auch in der islamischen Welt bekannt waren. Ein junger König trifft auf seiner Wanderung unter einem großen Baum auf vier Engel, von denen der eine «die Gestalt eines Menschen, der zweite die Gestalt eines Raubtiers, der dritte die Gestalt eines Vogels und der vierte die Gestalt eines Stieres hatte»(2). Auch Mohammed sei einer ähnlichen Erscheinung begegnet.
Interessant ist auch noch das Auftauchen des Tetramorph-Reittiers der Kirche im 14./15. Jahrhundert (Abb. 10). Dieses Reittier der «Kirche» hat nach Demisch Menschenantlitz, Stierbrust, Adlerflügel und Löwenleib und kommt als Mischwesen der vorderasiatischen Sphinx sehr nahe, während die gegenübergestellte «Synagoga» (bzw. «Häresie») einen Esel bzw. Ziegenbock (Sündenbock?) als Reittier benutzt.(2)
Auf weitere Zusammenhänge zwischen Sphinx und Viergetier macht Demisch noch aufmerksam: «Im Apsisgewölbe bzw. Kuppelgewölbe der Kirchen begleiten Engelmenschen, geflü-

gelter Löwe, geflügelter Stier und Adler die Erscheinung Christi in ähnlicher Weise wie Sphingen die Erscheinende Gottheit... Monumentale Reliefs der Maiestas Domini mit dem Viergetier über Kirchenportalen entsprechen den Sphinxskulpturen an den Tempeleingängen»(2), führen also die Hüterfunktion der vorchristlichen Sphingen fort.

Demisch setzt das Viergetier deutlich von der Sphinx des christlichen Mittelalters ab, die nicht mehr den numinosen Charakter der ägyptischen Sphinx hat. «Das Viergetier hingegen tradiert den höchsten numinosen Rang der Sphinx: ihre unmittelbare Devotionsbeziehung zur Sonnengottheit.»(2) Christus wird häufig mit der Sonne verglichen, auch die «neue Sonne» genannt, und wenn er wie die Sonne inmitten des Tierkreises erscheint, gruppieren sich die vier Wesensglieder der Sphinx, in die das Viergetier gleichsam zerlegt ist, um ihn herum. Demisch kommt zur Schlußfolgerung, daß der eigentliche Nachfolger der vorchristlichen Sphinx nicht die Sphinx der christlichen Ära ist, sondern das Viergetier. «Das Viergetier ist gewissermaßen die christliche Metamorphose der einst in Ägypten veranlagten kosmologischen Aspekte der Sphinx.»(2)

Das Viergetier begegnete mir überraschenderweise noch auf einer ganz anderen Ebene, nämlich auf zwei Tarot-Karten. Der Tarot ist ein über sechshundert Jahre altes, geheimnisumwobenes Kartenspiel, in dessen Bildern und Symbolen nach Leuenberger «das Urwissen der Menschheit gespeichert ist»(18). Vor allem in den Bildern der großen Arkana – das sind die 22 Trümpfe des Tarot – sind typische Grundmuster und Grundsituationen menschlichen Lebens eingefangen, nachdem die individuellen Aspekte der einzelnen Menschen sich gleichsam «herausgefiltert» haben und das allgemein menschliche Erlebnismuster übriggeblieben ist. Solche Grundsituationen menschlichen Lebens sind in jenem Erfahrungsschatz der

Menschheit aufbewahrt, den C. G. Jung das Kollektive Unbewußte nennt im Gegensatz zum persönlichen Unbewußten eines bestimmten Menschen. Über dieses persönliche Unbewußte hinaus haben wir auch Anteil an diesem Kollektiven Unbewußten, zu dem wir auf verschiedene Weise Zugang finden können, z. B. mit Hilfe der Träume. Der Wert eines solchen Zugangs liegt darin, daß im Kollektiven Unbewußten nicht nur die Erfahrungen früherer Generationen aufgehoben sind, sondern aus ihm auch immer wieder Lösungsmöglichkeiten für bestimmte Konfliktsituationen auftauchen, oft dadurch, daß verschiedene Inhalte des Kollektiven Unbewußten miteinander in Kontakt kommen und neue Wege eröffnen, die aus den tiefen Quellen unseres Selbst stammen und den wohlüberlegten Strategien unseres bewußten Ich überlegen sind, auch wenn wir das oft erst später erkennen.
Einen möglichen Weg in die Tiefen des Kollektiven Unbewußten – und damit auch zur Selbsterkenntnis und Selbstwerdung – stellt der Tarot dar, in dem – wie Leuenberger es so schön ausdrückt – «in einer für uns heutige Menschen vielleicht nicht mehr restlos zu enträtselnden Weise das durch Jahrtausende erfahrene Urwissen der Menschheit in einer Form überliefert und aufgezeichnet ist, die speziell für den von der westlichen Kultur geprägten Menschen bestimmt ist»(18). Manche meinen auch, daß im Tarot eine alte Tradition von Erfahrungen und Wissen gehütet und weitergegeben wurde, die im immer mehr erstarrenden Lehrgebäude der etablierten Kirche nicht mehr geduldet wurden, obwohl sie mit dem geheimnisvollen Urgrund des Lebens, der Natur und der kosmischen Ordnung zutiefst verbunden sind.
Wenn der Tarot sich heutzutage wieder einer zunehmenden Beliebtheit erfreut – man könnte gleichsam von einem Tarot-Boom sprechen –, so sollten die damit verbundenen Gefahren

nicht übersehen werden. Selbsterkenntnis und Weisheit ist nicht im Schnellverfahren zu erlangen. «Der richtige Weg zur Ganzheit aber besteht – leider – aus schicksalsmäßigen Um- und Irrwegen.»(7) Wer also glaubt, die eigentliche Aufgabe des Tarot bestehe darin, einem Menschen die Zukunft vorherzusagen im Sinne eines Orakels oder auch für ihn eine Entscheidung zu treffen, der befindet sich auf dem Holzweg.

Sallie Nichols meint in ihrem interessanten Buch «Die Psychologie des Tarot»(19), daß es mehr darum geht, sich von den Karten ansprechen zu lassen, die dann in uns Impulse setzen, Ideen entstehen lassen und Intuition ins Spiel bringen. Dadurch werden auch Veränderungen in unseren inneren Bildern und in unseren äußeren Verhaltensweisen ausgelöst, so daß unsere Zukunft dadurch beeinflußt wird und ein innerer und äußerer Wandlungsprozeß ermöglicht wird. Aber es geht darum, mit Hilfe der lenkenden Funktion aus dem Unbewußten sich in die Zukunft vorzutasten und dabei den je eigenen Weg zu finden. Viele aber wollen den Weg in die Zukunft schon allzu genau im voraus wissen und verbauen sich durch solche Festlegungen die spontanen Entscheidungsmöglichkeiten auf der Suche nach dem eigenen Weg. Mit Recht warnt Sallie Nichols, «daß eine vorhersagende Deutung – wie wahr sie sich an der Oberfläche auch erweisen mag – die innere Wahrheit verpaßt, die wir aus einer Tarotlesung erwarten und so unsere Aufmerksamkeit von wahrer Selbsterkenntnis ablenkt»(19).

Doch nun zurück zur Sphinx und zu unserem Anliegen, nämlich dem Erscheinen der Sphinx und des Viergetiers im Tarot. Zunächst begegnet uns die Sphinx auf der Karte X, deren Titel «The wheel of fortune» von den einen mit «Glücksrad» und von anderen mit «Rad des Schicksals» übersetzt wird (Abb. 11). An diesem Rad hängen zwei Tiergestalten, links ein schlangenartiges Wesen mit dem Kopf nach unten und rechts ein Geschöpf

Abb. 13: Rider-Tarotkarte XXI

Abb. 14: Marseille-Tarotkarte XXI

Abb. 15: Ödipus vor der Sphinx,
attische Vase, 470/460 v. Chr., Vatikanische Sammlungen, Rom.
Foto: Archivi Alinari, Florenz

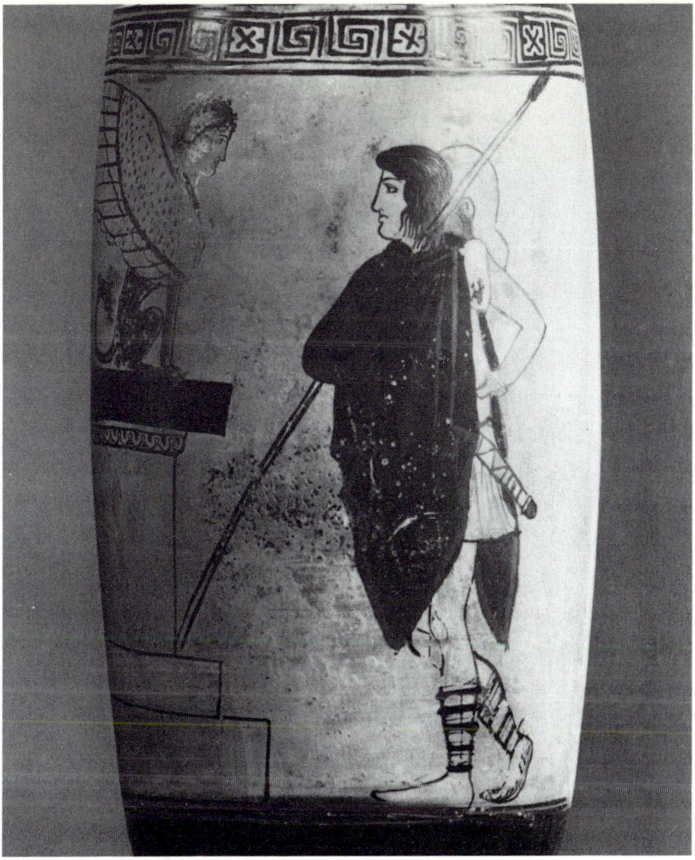

Abb. 16: Ödipus vor der Sphinx eines Grabmals, weißgrundiges Vasenbild, um 450 v. Chr., Archäologisches Museum, Tarent.
Foto: Archivi Alinari, Florenz

Abb. 17: Ödipus erschlägt die Sphinx mit einer Keule, Vasenbild, Ende 6. Jh. v. Chr., Courtesy Museum of Fine Art, Boston. Vorlage aus Heinz Demisch, Die Sphinx, Verlag Urachhaus, Stuttgart 1977, Abb. 279

Abb. 18: Ödipus tötet die Sphinx mit einer Lanze, Detail, attisches Vasenbild, Marion, Zypern, 4. Jh. v. Chr., Britisches Museum, London. Vorlage aus Heinz Demisch, Die Sphinx, Verlag Urachhaus, Stuttgart 1977, Abb. 291 (Ausschnitt)

mit dem Kopf eines Hundes bzw. eines Schakals, der nach oben gerichtet ist. Die linke Gestalt stellt den ägyptischen Gott Typhon dar, eine Verkörperung des negativen, lebensfeindlichen und zerstörenden Prinzips, während rechts ebenfalls ein ägyptischer Gott, nämlich Anubis, der Totengeleiter, das positive, integrierende und aufbauende Prinzip vertritt. Oben über dem Rad thront eine Sphinx mit einem Schwert in der linken Hand, das lässig an die linke Schulter gelehnt ist.

Diese drei mythologischen Figuren bilden gleichsam ein dynamisches Dreieck, bei dem Typhon und Anubis sich bewegen, wenn sie das Rad in Schwung bringen oder das Rad in Schwung gebracht wird. Aber Art und Richtung ihrer Bewegung ist nicht ihrem freien Willen unterstellt, sondern ist in dem Sinne festgelegt, daß durch die Drehung des Rades auf jede Aufwärtsbewegung eine Abwärtsbewegung und umgekehrt folgt. Beide können nicht gleichzeitig oben oder unten sein, da sie sich als echte Gegensatzpole gegenüber stehen. Im Marseille-Tarot (das sind aus dem Mittelalter überlieferte Tarotkarten, die sich nicht auf einen einzelnen Autor zurückführen lassen), haben die beiden Lebewesen menschliche Kleider an, was wohl zum Ausdruck bringen soll, daß wir Menschen diesem Auf und Ab des Schicksals unterworfen sind (Abb. 12). Am höchsten Punkt angelangt, kommt es zum plötzlichen Umschlag ins Gegenteil. Und während der Abwärtsbewegung, die wir vielleicht als negativ erleben, können wir aufgrund früherer Erfahrungen annehmen, daß es ganz unten einen Umschlagpunkt zur erneuten Aufwärtsbewegung gibt.

Was aber bedeutet nun die Sphinx in diesem Dreieck? Sie ist der ruhende Punkt in diesem ganzen Geschehen. Das Schwert in ihrer linken Hand, das sie gleichsam wie ein Szepter hält, ist ein Zeichen ihrer Macht. Es symbolisiert als Phallussymbol männliche Potenz (man kann es ja auch in die Scheide stecken), wobei Potenz hier nicht nur in einem rein sexuellen Sinn zu verstehen ist, sondern im übertragenen Sinn auch eine geistige Potenz meinen kann, man kann schließlich auch das Schwert des Wortes führen (z. B. in einem Rededuell). Um Mißverständnissen vorzubeugen, möchte ich noch ausdrücklich betonen, daß «männliche» Potenz im weiteren Sinn des Wortes sowohl Männern als auch Frauen zu eigen sein kann. Denn Männlichkeit ist nicht etwa nur dem Manne zugehörig und Weiblichkeit der Frau, sondern jeder Mensch hat männliche und weibliche Züge in einem je individuellen Mischungsverhältnis in sich zur Verfügung, wobei es viel an ihm selber liegt, ob die männlichen und weiblichen Aspekte in ihm zu einer harmonischen Verbindung miteinander kommen oder ständig miteinander im Streit liegen.

Das Schwert kann aber auch eine wichtige Rolle spielen bei «Entscheidungen» (dabei zieht man es aus der Scheide), womit in unserem Bild vom Dreieck am Rad des Schicksals vielleicht zum Ausdruck kommen soll, daß wir eben nicht nur willenlos und ohnmächtig an das Rad des Schicksals gebunden sind, sondern daß es über aller Gegensatzspannung einen ruhenden Pol in uns gibt, der in dieses schicksalhafte Spiel des Lebens eingreifen kann, der am Rad drehen, aber es bei Bedarf auch anhalten kann. Im Marseille-Tarot hat die Sphinx auch noch eine Krone auf dem Haupt als Zeichen königlicher Macht. Der König gilt schon seit altersher als ein Symbol des Selbst, jenes steuernden Zentrums unserer gesamten Persönlichkeit, ihrer bewußten und unbewußten Anteile, während das Ich nur als Zentrum unserer bewußten Persönlichkeit anzusehen ist.

Damit wird deutlich, daß die Sphinx als Kraft, die über der Situation des schicksalhaften Ablaufs steht und in dieser Position eine steuernde Funktion hat, bei ihrem Eingreifen in den Lauf des Schicksalsrades sich nicht nur von ich-haften, der bewußten

Persönlichkeit entstammenden Impulsen leiten läßt, sondern in ihren Entscheidungen auch von Kräften aus den Tiefen des Unbewußten getragen wird.

Wir können die Sphinx in dem Dreieck

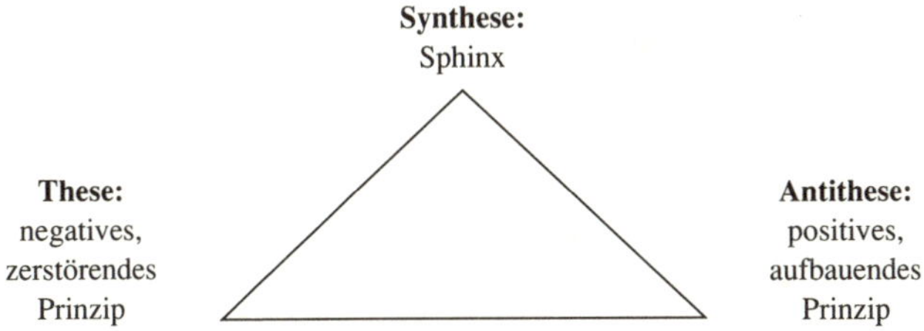

auch als die Synthese zwischen These und Antithese betrachten, wenn wir bedenken, daß sie ja im Laufe ihrer Entwicklungsgeschichte die beiden gegensätzlichen Prinzipien in sich enthalten und vereinigt hat.

Aber nicht nur in der horizontalen, sondern auch in der vertikalen Ebene faßt die Sphinx gegensätzliche Elemente als vereinigendes Symbol in sich zusammen.

Auf der Karte X des Rider-Tarot (von dem Engländer Waite im vorigen Jahrhundert gemalt und beschrieben) sehen wir außer dem obenerwähnten Dreieck am Rad des Schicksals noch vier weitere symbolische Figuren in den vier Ecken der Karte: unten links einen Stier, unten rechts einen Löwen, oben links einen Engel und oben rechts einen Adler, die uns bereits bekannten Elemente des biblischen Viergetiers. Unten sind also mit Stier und Löwe die Lebewesen dargestellt, die auf der Erde leben, während die beiden oberen in das Reich der Luft gehören. Die Sphinx, die zwischen oben und unten sitzt, ist also auch hier das Bindeglied zwischen der unteren und der oberen Wirklichkeit, zwischen dem animalisch-instinkthaften und dem geistigen Bereich, zwischen Erde und Himmel. Außerdem aber ist die Sphinx die Synthese dieser vier symbolischen Figuren, da sie als Symbol ja deren Elemente in sich vereinigt. Leuenberger zieht als Folgerung für uns daraus den Schluß: «Wollen wir Meister unseres Schicksals sein und die Bewegung des Rades unter unsere Kontrolle bringen, dann müssen wir die Kraft der vier Elemente in uns vereinigen, wir müssen zur Sphinx werden und die Balance des Rades überwachen.»(18)

Interessant ist auch noch sein Hinweis, daß die drei mythologischen Figuren Anubis, Typhon und Sphinx eine Entsprechung in der indischen Mythologie haben in den drei Gunjas, «die zusammen die sogenannte Hindutrinität bilden. Das Prinzip des Anubis wird darin durch Brahma, den Schöpfer, verkörpert, dem Typhon entspricht Shiva, der Zerstörer, und Vishnu, der Bewahrer, tritt an die Stelle der Sphinx. Auch hier begegnen wir wiederum drei Kräften, die letztlich unsere ganze Welt bewegen.»(18)

Das Viergetier begegnet uns im Tarot noch einmal (sowohl im Marseille-Tarot als auch im Rider-Tarot), und zwar in der Karte XXI, der letzten Karte der großen Arkana, in die gleichsam der ganze Entwicklungsprozeß des Menschen auf seiner äußeren und inneren Wanderschaft durch die anderen Karten hindurch mündet (Abb. 13 u. 14). Diese Karte heißt «Die Welt» und stellt auf den ersten Blick ein weibliches Wesen dar, dessen Leib jedoch von den Hüften abwärts eher dem eines Mannes gleicht, wobei ein von der linken Schulter niederfallender Schal die Geschlechtsteile der sonst nackten Person verdeckt. Die Welt in ihrer Ganzheit wird hier von einem androgynen Menschen dargestellt, in dem sich Männlichkeit und Weiblichkeit harmonisch miteinander vereinigt haben. Das läßt denken an Vorstellungen des Philosophen Guilleaume Postel aus dem 16. Jahrhundert, nach denen es einen *animus mundi* (Weltgeist) als das männliche Prinzip und eine *anima*

mundi (Weltseele) als das mütterliche und weibliche Prinzip gibt, wie auch jedes Individuum aus einem *animus* und einer *anima* zusammengesetzt sei. Wenn auch in mittelalterlichen Kathedralen «Frau Welt» und der «Fürst dieser Welt» als das böse Prinzip dargestellt werden, so zeigt diese, etwa aus der gleichen Zeit stammende Karte des Marseille-Tarot die Welt als einen ganzheitlichen Menschen, der sich in anmutig tänzerischer Weise in einem aufrecht stehenden elliptischen Kranz bewegt, dessen Form auch als Mandorla bezeichnet wird und in seiner an die Vagina erinnernden Form als «Tor des Lebens» verstanden wird, durch das hindurch die Wiedergeburt erfolgen kann. Nach Sallie Nichols erinnert eine solche Mandorla «an ein Samenkorn, an ein Ei und an die Bewegung der Planeten auf ihren Umlaufbahnen» und trägt «die Verheißung einer künftigen Entwicklung in sich. Sie symbolisiert die schöpferische Durchdringung der beiden Sphären von Himmel und Erde.»(19) Die Bezogenheit von zwei Bereichen, von oben und unten, ist durch die Form der Ellipse angedeutet, da diese ja zwei Brennpunkte hat und die Brennstrahlen aus dem einen Brennpunkt in den anderen reflektiert, also oberen und unteren Bereich in einer optimalen Weise aufeinander bezogen sein läßt.
Doch die Welt ist durch die Mandorla nicht in narzißtischer Isolation befangen, sich selbst genügend im Diesseits und eingeschlossen in einer abgegrenzten heilen Welt. Vielmehr wird die Mandorla an den vier Ecken umrahmt bzw. gleichsam getragen an den Kardinalpunkten von den uns bereits bekannten Symbolgestalten des biblischen Viergetiers. Unten sehen wir wieder die der Erde zugehörigen Tiere Stier und Löwe und oben die «himmlischen» Lebewesen Engel und Adler. Sallie Nichols sagt dazu sehr treffend: «Die Vorstellung, daß Geist und Fleisch, Himmel und Erde, als gleichberechtigte Teile eines einheitlichen Ganzen zusammengehören, wird in den vier Ek-

ken der Karte ‹Die Welt› bildhaft aufgegriffen.»[19] Es geht darum, die in der kirchlichen Lehre vollzogene Gegensatzspaltung zwischen dem Gott zugehörigen Himmel und der Erde, die vom «Fürsten der Welt», dem Teufel, regiert wird, zwischen Geist und Fleisch sowie zwischen Gut und Böse immer wieder aufzuheben. Nach E. Neumann «ist es für den modernen Menschen nicht mehr damit getan, die matriarchale Welt des Bösen zu ‹besiegen›. Wir werden gezwungen, uns in einer tieferen und gefährlicheren Weise mit dieser Welt im wahren Sinne des Wortes ‹einzulassen› . . .; nicht die Besiegung des Bösen, sondern seine Erlösung; nicht der patriarchale Sieg, sondern eine Wandlung des Unteren»[20] scheint das eigentliche Ziel zu sein.

Der androgyne, ganzheitliche Mensch steht trotz seiner tänzerischen Bewegung mit einem Fuß auf der Erde, auf dem Boden der Tatsachen, und hält in seinen Händen zwei Stäbe, die wohl zwei sich in Gegensatzspannung befindende Pole bedeuten sollen. Er steht also ganz in der irdischen Realität und ist dennoch über die vier Ecken mit der Ganzheit des Kosmos verbunden. Die Zahl 4 ist ja die Zahl der Ganzheit (z. B. 4 Himmelsrichtungen, 4 Grundfarben, 4 Jahreszeiten usw.), und die vier Aspekte des Viergetiers werden auch den vier Elementen zugeordnet, und zwar der Stier der Erde, der Löwe dem Feuer, der Engel der Luft und der Adler, der von altersher eine Beziehung zum Tierkreiszeichen Skorpion, einem Wasserzeichen, hat, dem Wasser.

Die Tarotkarte «Die Welt» erinnert uns daran, daß die Aufhebung der oben genannten Gegensatzspaltung, die conjunctio oppositorum, die Wiedervereinigung von Himmel und Erde, Geist und Fleisch, Gut und Böse, sich immer wieder neu ereignen will in mir, dem Menschen als Ort, wie Neumann es ausdrückt, «in dem Erde und Himmel wieder zusammentre-

ten»[20]. Das ist wahrlich ein heiliges Wagnis und nur zu vollbringen, wenn ich darauf verzichte, mit verklärtem Augenaufschlag von der Erde abzuheben und mein Heil in den lichten und reinen Gefilden des Himmels zu suchen. Das würde nur zu einer falschen Art von Individualismus führen, Individuation aber «schließt die Welt nicht aus, sondern ein»[21].
Nicht Verachtung der Welt, sondern nur liebende und entschlossene Zuwendung zur Welt kann das Werk gelingen lassen. Wer hätte dies jemals schöner in Worte gefaßt als Rainer Maria Rilke in seiner neunten Duineser Elegie:

«Erde ist es nicht dies, was du willst: *unsichtbar*
in uns erstehn? – Ist es dein Traum nicht,
einmal unsichtbar zu sein? – Erde! unsichtbar!
Was, wenn Verwandlung nicht, ist dein drängender Auftrag?
Erde, du liebe, ich will. Oh glaub, es bedürfte
nicht deiner Frühlinge mehr, mich dir zu gewinnen –, *einer,*
ach, ein einziger ist schon dem Blute zu viel.
Namenlos bin ich zu dir entschlossen, von weit her.»[22]

Der Mensch, in dem sich Himmel und Erde wieder vereinigt haben, ist Zeuge des Überweltlichen in der Welt, was nach Graf Dürckheim die kürzeste Formel für den Sinn der menschlichen Existenz ist.

Das Rätsel der Sphinx

Von Anbeginn ihres Erscheinens ist die Sphinx ein rätselhaftes Wesen, und sie hat durch die Jahrhunderte hindurch den Forschern, Wissenschaftlern und Kunsthistorikern immer wieder Rätsel über ihre Herkunft, Entwicklungsgeschichte und Bedeutung aufgegeben. Wenn wir aber vom Rätsel der Sphinx sprechen, dann meinen wir jenes berühmte Rätsel, daß die thebanische Sphinx dem Ödipus stellte und das die Gemüter der Menschen bis heute erregt und ihren Geist beschäftigt. Man kann die Begegnung von Ödipus und der Sphinx und deren Folgen nur verstehen im Zusammenhang mit der Lebensgeschichte des Ödipus im Rahmen des Familiendramas, von dem es allerdings mehrere verschiedene Fassungen gibt. Ödipus war der Sohn des Königs von Theben, Laios, und dessen Frau Jokaste. Wegen eines Orakelspruchs, nach dem Ödipus seinen Vater töten und seine Mutter heiraten würde, ließen seine Eltern den kleinen Ödipus mit durchbohrten Füßen im Gebirge aussetzen, doch der damit beauftragte Hirte übergab das Kind dem kinderlosen Königspaar von Korinth, Polybos und Periboia, das den Knaben wie einen eigenen Sohn aufzog. Als ein Betrunkener den Ödipus höhnisch darauf hinwies, er sei nicht der richtige Sohn des korinthischen Königspaares, zog Ödipus nach Delphi, um das Orakel zu befragen. Als er dort erfuhr, er werde seinen Vater töten und seine Mutter heiraten, wollte er nicht nach Korinth zu seinen vermeintlichen Eltern zurückkehren. Auf seinem Weg nach Osten kam er zu einem Engpaß.

Dort kam es zu einer Auseinandersetzung zwischen Ödipus und einem Mann in einem Wagen und dessen Wagenlenker, weil Ödipus nicht bereitwillig genug Platz machte. Im Verlaufe dieses Streites erschlug Ödipus diesen Mann, ohne zu wissen, daß es sein leiblicher Vater Laios war. Als er dann nach Theben kam, begegnet er dort der Sphinx. Diese war von Hera, der Hüterin der Ehe, nach Theben geschickt worden, als Strafe dafür, daß Laios sich in den Sohn seines Gastgebers Pelops mit Namen Chrysippos verliebt und diesen dann entführt hatte, woraufhin Chrysippos sich das Leben nahm.

Die Sphinx saß auf dem Berg Phikion (nach anderen Versionen auf der Stadtmauer oder auf einer Säule) und gab den thebanischen Jünglingen ein Rätsel auf, und wer das Rätsel nicht lösen konnte, wurde von ihr aufgefressen. Nachdem dieses Schicksal auch Haimon, dem Sohn des amtierenden Regenten Kreon, widerfahren war, versprach Kreon demjenigen, der das Rätsel lösen würde, die Herrschaft über das Reich sowie die Heirat mit seiner Schwester Jokaste, der Witwe des Laios. Als nun Ödipus nach Theben kam, trat er der Sphinx entgegen und hörte sich ihr Rätsel an: *«Was läuft am Morgen auf vier, am Mittag auf zwei und am Abend auf drei Beinen und ist am schwächsten, wenn es auf den meisten läuft?»*[23] Die richtige Antwort des Ödipus lautete: Es ist der Mensch, der ja als Kind auf allen Vieren kriecht, als Erwachsener auf zwei Beinen geht und sich im Alter auf einen Stock stützt (Abb. 15).

Daraufhin tötet sich die Sphinx, indem sie sich in den Abgrund stürzt. Nach älteren Texten wird sie von Ödipus mit einer Keule bzw. Lanze getötet.

Die Stadt Theben ist nun befreit, und Ödipus bekommt seine Mutter als Gemahlin. Nach einer glücklichen Zeit der Regierung, in der er mit Jokaste zwei Söhne und zwei Töchter bekommt, wird Theben von einer Seuche heimgesucht. Das befragte Orakel zu Delphi verkündet, die Ursache dieses Unheils liege in der Tatsache, daß der Mörder des Königs Laios noch in Theben lebe, ohne bestraft worden zu sein. Die Untersuchung, die Ödipus sofort selber einleitet, kommt, auch mit Hilfe des blinden Sehers Teiresias und des noch lebenden Hirten, der Ödipus als Kleinkind im Gebirge aussetzen sollte, zu dem Ergebnis, daß Ödipus der Mörder seines Vaters ist. Zudem wird nun klar, daß er auch gemäß dem früheren Orakelspruch seine eigene Mutter geheiratet hat.

Als Jokaste diese Wahrheit erkennt, erhängt sie sich in ihrem Gemach. Ödipus bricht die Türen zu Jokastes Gemach auf, und als er mit dem Schwerte in der Hand hereinstürzt, findet er die Mutter bereits tot vor. Da nimmt er zwei goldene Nadeln vom Gewande der Mutter und sticht sich damit beide Augen aus.

Soweit der Gang der Handlung. Ich möchte nun keine umfassende Deutung dieses ganzen Geschehens geben – darüber ist schon so viel geschrieben worden –, sondern nur auf einige Details näher eingehen und besondere Aspekte von diesen etwas eingehender beleuchten. Natürlich wird dadurch auch der Gesamtzusammenhang einleuchtender und dem Verständnis besser zugänglich.

Schauen wir uns zunächst einmal die thebanische Sphinx etwas genauer an. Stellen Sie sich einmal vor, Sie kämen wie Ödipus nach Theben und treten der Sphinx entgegen, um sich mit ihr in einen Rätselkampf auf Leben und Tod einzulassen. Sie schauen ihr fest ins Antlitz und sind erstaunt, daß dieses Angst einflößende und allgemein als Ungeheuer bekannte Lebewesen auch faszinierende Züge und eine numinose Ausstrahlung hat.

Von der Geschichte ihrer Herkunft wissen wir schon, daß sie von Ungeheuern abstammt, aber andererseits ist sie von Hera nach Theben gesandt, stellt gleichsam deren dunkle und furchtbare Seite leibhaftig dar, «ein negatives, rachsüchtiges Zerrbild ihrer eigenen ordnenden Weiblichkeit»(24). Sie wurde sogar mit einem Bild der geflügelten Mondgöttin Thebens in Zusammenhang gebracht. Sie ist einerseits die Würgerin, die den Jünglingen von Theben den Tod bringt, aber andererseits nennt Euripides, der auch ihre Grausamkeit beschrieben hat, sie die «weise Jungfrau», und in dieser Rolle fungiert sie «als Repräsentantin der anderen Welt, der Welt der Götter und der Toten»(2). Demisch weist zudem darauf hin, daß die Sphinx das Rätsel von den Musen gelernt und es singend vorgetragen habe, worin er einen deutlichen Hinweis auf eine göttliche Inspiration sieht.

Interessant ist auch Demischs Ansicht, daß die Sphinx nicht aus purer Mordlust jeden umbrachte, der ihre relativ harmlose Rätselfrage nicht beantworten konnte. Denn sie fühlte sich auch selber «an das sittliche Wahrheitsgebot gebunden – bis zur Preisgabe des eigenen Lebens! . . . Sie bestraft, könnte man sagen, Unwissenheit mit dem Tode»(7).

Es geht bei der Beantwortung des Rätsels um einen Akt der Selbsterkenntnis, nicht nur um die Nennung des Gattungsbegriffes Mensch. Es wird nach dem Wesen des Menschen und seinem Schicksalsweg zwischen Geburt und Tod gefragt, meint Ingeborg Clarus, wobei auch die zeitlichen und biologischen Grenzen des Menschen mitgemeint sind. «Das ist das Rätsel, welches die Muttergottheit aller Zeiten den ‹Jünglingen› aufgibt. Es ist das Rätsel, vor dem letztlich jeder Mensch verstummen muß. Im Durchleben und Durchleiden dieser Begrenzung gegenüber dem Unverstehbaren öffnet sich dem Menschen am schnellsten jene Tiefendimension, die er in einem problemlos glücklichen Leben nie erreichen würde. Denn die Frage nach dem *Wesen* des Menschen umgreift ja stets sein ‹Wandern zwischen zwei Welten› und die Schmerzen des Übergangs von einer Seinsstufe zur anderen. Zu diesen Übergangsstufen gehören viele Stationen unserer kindlichen Entwicklung. Mit der Zeit lernt der Mensch, seine eigenen Grenzen, seine Unzulänglichkeiten und seine Schuld zu ertragen und diese nicht mehr in die Umwelt zu projizieren. Zuletzt gilt es, Krankheit, Alter und Gebrechlichkeit menschenwürdig zu bestehen: menschenwürdig im Wissen darum, daß all dies zu den Verwandlungsprozessen gehört, die wir zu durchschreiten haben, bis wir uns unserer eigentlichen Gestalt einigermaßen angenähert haben.»(25)

Aber zum Alter gehört nicht nur der Stab, auf den sich der Mensch als drittes Bein stützt, es ist auch der Stab der Weisheit, auf den sich z. B. der Seher Teiresias lehnt, als er zu Ödipus spricht, den er ja von Athene bekommen hat. Athene aber, die aus dem Kopf des Zeus geborene, ist ja auch die Göttin der Weisheit. Es könnte einem auch jener Stab einfallen, mit dem Moses das Wasser aus dem Felsen schlug. Der Stab kann also auch als ein Zeichen männlicher Potenz im weitesten Sinne des Wortes gesehen werden. Natürlich können auch Frauen solche männliche Potenz besitzen, da ja Männlichkeit nicht nur den Männern eigen ist. Die ägyptischen Gottheiten wurden oft mit einem Stab dargestellt, und im Psalm heißt es: «Dein Stecken und Dein Stab, sie trösten mich . . .»

Demisch macht auf «die den Ägyptern vertraute Gleichsetzung des Sonnenweges mit dem menschlichen Lebenslauf aufmerksam»(2). Der ägyptische Sonnengott sagt von sich: «Ich bin Chepre am Morgen, Re am Mittag, Atum am Abend. Chepre erscheint als Skarabäus, Re erscheint stets als Mann . . . Viele Texte spielen darauf an, daß der Sonnengott abends ein Greis wird und alsdann die Unterwelt durchfährt. Am Morgen erscheint er verjüngt in Skarabäusgestalt.»(2) Atum wird auch als Greis, der sich auf einen Stab lehnt, dargestellt. Mit dieser

Sichtweise würde auch übereinstimmen, daß das zu erratende Wesen am schwächsten ist, wenn es auf den meisten Beinen läuft, denn tatsächlich ist ja die Morgensonne schwach.
Demnach wäre die richtige Antwort auf das Rätsel der Sphinx: die Sonne. Demisch vermutet, daß Ödipus (bzw. der Schöpfer der Rätselszene) die anthropomorphe Sonnenallegorie der Ägypter kannte und sie kühn auf den Lebenslauf des Menschen projizierte. «Durch die Verknüpfung des menschlichen Lebenslaufes mit dem Sonnengott wird die Antwort des Ödipus überhaupt erst zu einer Aussage über den Menschen: Wiewohl seine Gestalt dahinsinkt, ist er in der Substanz unsterblich.»(2)
So wird einerseits das menschliche Leben in seiner Wachstumsphase, im Höhepunkt seiner Kraft und in seinem Niedergang gesehen, worin auch eine Warnung vor hybrider Selbstüberschätzung des Menschen liegt. Gleichzeitig wird aber auf seine Ebenbildlichkeit Gottes hingewiesen, er ragt mit seinem Selbst als Zentrum der ganzen Persönlichkeit, also der bewußten und unbewußten Anteile, in die Unendlichkeit des «göttlichen» Seins hinein. In diesem Sinne verstehe ich auch den griechischen Spruch: «Daß nur Menschen wir sind, beuge das Haupt dir, doch daß Menschen wir sind, recke dich freudig empor.»
Von verschiedenen Autoren wird das Rätsel der Sphinx in Ver bindung gebracht mit der Mahnung «Erkenne dich selbst!» am Tempel des Apollo in Delphi, z. B. auch von Hegel. Er meint über diesen delphischen Spruch, daß es dabei nicht um die Erkenntnis individueller Schwächen und Fehler gehe, «sondern der Mensch überhaupt» soll sich erkennen. Für ihn stellt sich im griechischen Geist «das Menschliche in seiner Klarheit» dar, und das sich selbst Klare sei «die geistige Sonne» (zitiert nach (2)). Nur der Mensch, der sich in seiner Ebenbildlichkeit mit Gott erkennt und erfährt, kann Gott erkennen und erfahren.

Die Sphinx als Rätsel

Ödipus war durch die Lösung der Rätselfrage der Sphinx (s. o. S. 57) berühmt geworden, ihn priesen die Thebaner und feierten ihn als Erlöser der Stadt von der Sphinx. Und dennoch entging er nicht dem tragischen Schicksal, das ihn, seine Familie und die Stadt Theben ereilte. War sein Sieg über die Sphinx vielleicht nur ein Pyrrhussieg und zumindest nur ein vorläufiger Sieg? Hatte er sich auf seinen allzu leicht und nur auf der rationalen Ebene errungenen Erfolg zuviel eingebildet, sich zu früh gefreut, wenn er sich rühmt: «Ich kam daher, der nichts wissende Ödipus, und machte stumm sie, weil ich's traf mit meinem Witz» (zitiert nach [(26)]; siehe Abb. 16).

Ich habe mich schon immer gefragt, warum er nach der Lösung der Rätselfrage die Sphinx sich hat zu Tode stürzen lassen, anstatt sich nach ihrer geistigen Überwindung für ihr eigenes rätselhaftes Wesen zu interessieren. Warum faszinierte es ihn nicht, das Geheimnis der Sphinx selber zu ergründen, ihre geheime Weisheit kennenzulernen, um so auch mit ihrer Unheimlichkeit vertraut zu werden?

E. Neumann weist darauf hin, daß auch eine andere Lösung möglich ist: «In dem Augenblick, wo die Zauberin Kirke, welche die Menschen in Tiere verwandelt, der überlegenen Figur des Odysseus begegnet, tötet sie sich nicht wie die Sphinx, deren Rätsel Ödipus gelöst hat, sondern fordert ihn auf, das Bett mit ihr zu teilen.»[(16)] Das Problem des Ödipus war, daß er zwar die Rätselfrage der Sphinx gelöst hat, aber an der Sphinx als

Rätsel vorbeigegangen ist. Er übersah achtlos das Rätsel, das die Sphinx selber darstellte.

«Ödipus hat seinen Verstand nicht gebraucht, um die Unheimlichkeit des kindlich-einfachen und allzu leichten Rätsels zu durchschauen, und ist eben darum dem tragischen Schicksal verfallen, weil er meinte, er hätte die Frage beantwortet. Zu beantworten war die Sphinx und nicht ihre Spiegelfechterei.»(27) Hat die Sphinx sich vielleicht deshalb in den Abgrund gestürzt, weil Ödipus das Rätsel, das sie selber war, nicht gelöst und sie damit auch nicht erlöst hat? (Ihr Selbstmord aufgrund der Lösung ihrer Rätselfrage durch Ödipus erscheint in seiner Unverhältnismäßigkeit zum Anlaß ohnehin nicht plausibel.)

«Die vielen Prinzessinnen, deren Rätsel gelöst werden sollen, töten zwar die dazu unfähigen Partner. Aber sie tun dies nur, um sich dem Sieger gerne zu schenken, dessen das Rätsel lösende Überlegenheit sie selber erlöst, die dieses Rätsel sind.»(16)

Bei früheren Autoren findet sich die Version, daß die Sphinx sich nicht selber umbrachte, sondern von Ödipus mit seiner Keule oder seiner Lanze getötet wurde (Abb. 17 u. 18). Indem er sie tötet, glaubt er, den dunklen Aspekt des Weiblichen erledigt zu haben, er sieht ihn nun zwar infolge der Abspaltung nicht mehr vor sich, aber dadurch wird die Situation um so bedrohlicher. Denn wir wissen ja, daß wir die dunklen Aspekte gar nicht ein für allemal erledigen und aus unserem Leben ausschalten können, vielmehr werden sie durch den Prozeß der Abspaltung der Möglichkeit beraubt, in unserem Leben den Platz einzunehmen, der ihnen gebührt. Wenn sie auf unserem Weg zur Ganzheit in uns hineingenommen und integriert werden, von uns akzeptiert mitleben dürfen, dann verlieren sie nicht nur ihre anscheinend todbringende Gefährlichkeit, sondern führen zu einer ungeheuren Stärkung unseres Ichs, da ihre «unheimlichen» Kräfte uns jetzt hilfreich zur Verfügung stehen. Werden aber die dunklen Seiten abgespalten und in den «Abgrund» des Unbewußten verdrängt, entfalten sie von dort aus immer wieder destruktive und als ichfremd erlebte Aktivitäten, mit denen sie uns dann in den Rücken fallen.

Bei der Sphinx handelt es sich aber auch um die dunkle Seite, den furchtbaren Aspekt der großen Muttergöttin Hera, mit dem man nicht auf einer rein rationalen Ebene fertigwerden kann. Hätte sich Ödipus mit der Sphinx wirklich eingelassen, so wäre er mit Hera, und zwar mit deren unpersönlicher dunkler Seite des Weiblichen, in Kontakt gekommen. Er hätte die Auseinandersetzung auf einer archetypischen Ebene führen können und nicht in der realen Beziehung mit seiner leiblichen Mutter Jokaste. Darin liegt ja gerade die Tragik des Ödipus, daß er durch seinen vermeintlichen Sieg über die Sphinx in regressiver Weise in den Schoß der leiblichen Mutter getrieben wird, wo er dann schließlich seine Niederlage erleidet. «Es ist klar, daß ein derartiger Faktor durch die Lösung eines Kinderrätsels nicht erledigt war. Das Rätsel war eben gerade die Falle, welche die Spinx dem Wanderer stellte. Infolge der Überschätzung seines Verstandes tappte er in echt männlicher Weise hinein und beging, ohne es zu wissen, den frevelhaften Inzest. Das Rätsel der Sphinx war sie selber, nämlich das furchtbare Mutterbild, von dem sich Ödipus nicht warnen ließ.»(3)

Da Ödipus den tieferen Sinn des Rätsels, das die Sphinx selber ist, nicht erfaßte, landet er in den Armen seiner leiblichen Mutter und bekommt sie zur Gattin, wird in tiefer Unbewußtheit ihr Sohngeliebter, so daß sich sein inneres Bild von der Frau nicht von dem der Mutter unterscheiden kann. Ödipus steht auch bei Jokaste vor einem Rätsel, nämlich vor dem Rätsel seiner Herkunft, und auch ihr bringt die von Ödipus mit großem Eifer betriebene Lösung dieses Rätsels den Tod. Auf diese

Abb. 19: Sphinx auf einem Bühnenbild zu Mozarts «Zauberflöte» von K. F. Schinkel, 1815. Vorlage aus Heinz Demisch, Die Sphinx, Verlag Urachhaus, Stuttgart 1977, Abb. 520

Abb. 20: Silen gibt der Sphinx ein Rätsel auf, Glockenkraterbild, Paestum, 3. Jh. v. Chr., Nationalmuseum, Neapel. Vorlage aus Heinz Demisch, Die Sphinx, Verlag Urachhaus, Stuttgart 1977, Abb. 329

Abb. 21: Gustave Moreau, Ödipus und die Sphinx,
Ölgemälde, 1864, Metropolitan Museum of Art,
Bequest of William H. Herriman, 1921, New York

Abb. 22: Gustave Moreau, Die Sphinx als Siegerin,
Aquarell, 1886,
Clemens Sels Museum, Neuss

Abb. 23: Franz von Stuck, Der Kuß der Sphinx, Ölgemälde, um 1895 (160 × 144,8 cm), Szepmuveszeti Museum, Budapest. Eine Kopie befindet sich im Museum Villa Stuck, München

«Übereinstimmung im Verhalten von Ödipus zur Sphinx und zu Jokaste» hat Driek van der Sterren[26] hingewiesen.
Erich Neumann hat die ganzen Vorgänge um Ödipus, seine Eltern und die Sphinx in einen größeren Zusammenhang gestellt und in Verbindung gebracht mit der menschheitlichen als auch mit der individuellen Entwicklung, während Freud in der Theorie seines «Ödipuskomplexes» nur bestimmte Aspekte der Geschichte des Ödipus in eingeengter Form berücksichtigt. Er wollte wohl auch keine umfassende Deutung oder Erklärung des Ödipusmythos geben, sondern entnahm ihm nur einige Elemente der Personen und der Handlung zur Erläuterung seiner Theorie. Aber gerade dieses Vorgehen kann auch zu Mißverständnissen und Verkürzungen führen, wenn man den ganzen Stoff in seiner Buntheit und Fülle vor Augen hat und damit doch auch die Chance besitzt, die ganzen Vorgänge in einem größeren Zusammenhang zu sehen, als Freud es tat.
Nach Neumann kommt es bei der Auseinandersetzung des Kindes mit den Ureltern, die er symbolisch als Kampf mit dem Drachen sieht, der männlich und weiblich zugleich ist, sowohl zum «Vatermord» wie auch zum «Muttermord». Auf keinen Fall sei aber vom Vatermord her die gesamte Entwicklungsgeschichte der Menschheit aufzurollen.
«Mutterüberwindung oder Muttertötung ist die eine Schicht des Mythos vom Kampf des Helden mit dem Drachen.»[5] Das vermännlichte Ich des Helden tritt dem Drachen des Unbewußten gegenüber. «Dieser Kampf wird als Eingehen in die Höhle, in die Unterwelt und als Verschlungenwerden dargestellt, als Inzest mit der Mutter.» In den Sonnenmythen «entspricht das Verschlucktwerden des Helden vom Nacht-Meer-Unterwelt-Drachen dem Nachtweg der Sonne, den sie siegreich und nachtüberwindend besteht»[5]. Hier wird noch einmal

die im vorigen Kapitel erwähnte Parallelisierung von Mensch und Sonne in der Rätselfrage der Sphinx und deren Lösung deutlich.

Für Neumann ist die oft erfolgende Gleichsetzung des Verschlungenwerdens mit Kastration nicht schlüssig, die Angst vor dem Drachen und dem den Inzest mit der Mutter nicht erlaubenden Vater sei nicht eine Erklärung für die Kastrationsangst.

«Es geht hier um Tieferes und Urtümlicheres. Der Angst vor dem Drachen entspricht nicht die Angst vor dem Vater, sondern die viel elementarere Angst des Männlichen vor dem Weiblichen überhaupt.»(5) Die große Mutter, die im aktiven Helden-Inzest überwunden werden soll, hat selber den furchtbaren, verschlingenden und angsteinflößenden Aspekt und bezieht ihn nicht indirekt durch den dazwischentretenden Vater.

An dieser Stelle möchte ich einige kritische Anmerkungen zum bisherigen Verständnis der Kastrationsangst machen. Meiner Ansicht nach ist der primäre Aspekt nicht die Angst des Knaben vor der Kastration durch den Vater. Vielmehr hat der Vater Angst, vom Sohn kastriert zu werden, weiß er doch um die angsterregenden Vorgänge, die sich bei der ersten «ödipalen» Dreieckssituation abspielten. Dort wurden Uranos von seinem Sohn Chronos die Genitalien abgeschnitten. Sohn und Mutter hatten sich gegen den Vater verbündet, und die Mutter Gaia selber überreichte dem Sohn die Sichel, mit der er den Vater entmannte. So wird natürlich auch die Kastrationsangst des Chronos verständlich, als er selber Kinder von seiner Frau Rhea bekam, die er dann vorsorglich verschlang, damit sie ihm nicht gefährlich werden konnten. Doch beim sechsten Kind, dem Zeus, war seine Frau die sinnlosen Geburten leid und gab dem Gatten einen in Windeln gewickelten Stein zum Verzehr

und rettete so den Zeus, den sie an einem geheimen Ort aufziehen ließ – wobei Großmutter Gaia auch noch ihre Hände im Spiele hatte – und der dann ja schließlich später auch seinem Vater zum Verderben wurde.
Hier wird deutlich, warum der Mann Angst vor seiner Frau hat; hat Chronos doch selber erlebt, wie seine Mutter sich gemeinsam mit ihm der Kastration des Vaters widmet. Muß er da nicht Angst haben, daß ihm durch ein Bündnis seiner Frau mit seinem Sohn ein ähnliches Schicksal widerfährt wie dereinst seinem Vater Uranos.
War es doch in der Geschichte des Ödipus auch der Vater, der Angst hatte, von seinem Sohn, der ja laut Orakel sich durch Heirat mit seiner Mutter verbünden würde, getötet zu werden. Und Ödipus hatte nicht Angst, vom Vater getötet zu werden, sondern vielmehr davor, selber den Vater zu töten.
Reden die «Väter», auch die «geistigen Väter», vielleicht deshalb soviel von Kastrationsangst der Söhne, um diesen Angst zu machen und damit ihre eigene uneingestandene und verdrängte Angst vor Kastration durch die Söhne zu überdekken?
Auch in der realen ödipalen Situation zwischen Vater, Mutter und Sohn hat doch oft auch der Vater Angst, «kastriert» zu werden, d. h., daß das «Bündnis» zwischen Mutter und Sohn für ihn zur sexuellen Frustration durch seine Frau führen könnte. Oft bleiben diese psychischen Vorgänge unbewußt, führen aber doch in ihren Auswirkungen zu tiefgreifenden Mißverständnissen und Beziehungsstörungen. Viele Frauen wollen natürlich ihren Mann nicht bewußt auf diese Weise «kastrieren». Oft drückt sich diese unbewußte Tendenz zur Kastration des Mannes in Träumen von Frauen aus (erst kürzlich erzählte mir eine Frau, daß sie im Traum drei Männern den Penis abgeschnitten hatte), wodurch die Frauen erschreckt werden und

sich verunsichert fühlen. Man könnte in einem solchen Falle gleichsam von einer «Kastrationsangst» der Frau sprechen, womit die Angst der Frau gemeint ist, eine «kastrierende Frau» zu sein.

Doch kehren wir zurück zu der von Neumann beschriebenen Angst des Männlichen vor dem Weiblichen. «Für das Ich und das Männliche ist das Weibliche synonym mit dem Unbewußten und dem Nicht-Ich ... Dieses Weibliche bedroht das Ich mit der Gefahr der Ent-Ichung, des Sichverlierens, das heißt mit dem Tode und der Kastration.»(5) Wenn aber dem Helden durch den aktiven Inzest, womit das willentliche bewußte Eingehen in das gefahrbringende Weibliche gemeint ist, die Überwindung der Angst des Männlichen vor dem Weiblichen gelingt, dann sind die Männlichkeit und das Ich des Helden nicht mehr identisch mit dem Phallus und der Sexualität.

«Auf dieser Stufe tritt symbolisch als ‹erhöhter Phallus›, als erhöhte Männlichkeit, ein anderer Teil des Körpers auf, mit dem sich das Ich identifiziert, nämlich der Kopf als Symbol des Bewußtseins und das Auge als sein beherrschendes Organ.» Diese «obere» Männlichkeit «wird im siegreichen Drachenkampf bestätigt, endgültig gemacht und geboren», bei der Niederlage droht ihr der Untergang.(5) Es geht jetzt für den Mann darum, «obere» und «untere» Männlichkeit miteinander in Einklang zu bringen.

Nun können wir auch verstehen, was in Mythen und Märchen die Enthauptung und Blendung symbolisch bedeutet, nämlich Kastration im Bereich der «oberen» Männlichkeit. Wenn wir von Kastrationsangst reden, ist diese also unbedingt um jenen Aspekt zu ergänzen, der sich auf die obere Männlichkeit bezieht. Ich glaube, daß diese noch weitgehend unbewußte Kastrationsangst eine mindestens ebenso große Rolle spielt wie die Angst vor Kastration im Bereich der unteren Männlichkeit. Wenn ein Mann das Rätsel der verwünschten Prinzessin nicht lösen kann, dann schwingt diese das Schwert des Vaters bzw. des Animus und schlägt ihm den Kopf ab. Wer von uns ist nicht schon einmal kastriert worden, sei es oben oder unten, vielleicht sogar oben und unten, natürlich nicht in einem ganz realen und endgültigen Sinn; aber wir kennen ja solche Redensarten, mit welchen die Kastration im Bereich der oberen Männlichkeit bezeichnet wird: z. B. den Kopf verlieren, kopflos sein, mit Blindheit geschlagen sein. Vielleicht kann nur derjenige die Kastrationsangst wirklich überwinden, der erfahren hat, daß solche Situationen notwendig sein können, damit er von seinen Omnipotenzphantasien befreit wird und dann in seiner Ohnmacht erlebt, wie ihm durch hilfreiche und steuernde Impulse des Selbst eine bis dahin nicht gekannte Potenz zuwächst.

Nach Neumann gibt es «obere und untere Kastrationen, und oft genug sind Phallusbesessene obere und oft genug Kopfbesessene untere Kastraten. Erst beide Zonen zusammen ergeben das Ganze der Männlichkeit»(5).

Dieses Miteinander-in-Einklang-Bringen der beiden Zonen ist Ödipus nicht gelungen. Er hat zwar die Sphinx überwunden und ist damit der Held und Drachentöter, und als solcher «begeht er, wie jeder Held, den Inzest mit der Mutter. Dieser Heldeninzest ist identisch mit der Überwältigung der Sphinx, ist nur die andere Seite desselben Prozesses. Als Überwinder der Furcht vor dem Weiblichen, vor dem Abgrund, dem Urschoß und der Gefahr des Unbewußten, in den er hineingeht, vermählt er sich siegreich mit ihr, die als Große Mutter die Jünglinge zu kastrieren und als Sphinx sie umzubringen pflegt. Als Held ist er das zu seiner Eigenexistenz erwachsene Männliche, dessen Eigenständigkeit der Macht des Weiblichen und des

Unbewußten nicht nur gewachsen ist, sondern auch in ihm zu zeugen vermag.»[(5)]

In der Vereinigung des Männlichen mit dem weiblichen Gegensatz wird ein Neues und Drittes geboren. In der Synthese verbindet sich «ein gleichgewichtiges Weibliches mit einem gleichgewichtigen Männlichen zu einer Ganzheit... Der Held ist nicht nur der Überwinder des Mütterlichen, er tötet die furchtbare Seite dieses Weiblichen, um dessen fruchtbare und segenspendende Seite zu befreien.»[(5)]

Ödipus aber ist der Drachenkampf nicht voll geglückt. Er hat zwar die Sphinx besiegt, aber dadurch, daß er den Mutterinzest und den damit verbundenen Vatermord unbewußt begeht – er bezeichnet sich selber mehrfach als der «unwissende» Ödipus – verliert er in regressiver Weise die durch den Sieg über die Sphinx errungene Eigenständigkeit, kann sich die «obere» Männlichkeit nicht wirklich zu eigen machen. «Er weiß nicht, was er getan hat, und als er es erfährt, ist er nicht imstande, seiner eigenen Tat, der Tat des Helden, ins Gesicht zu sehen. So erfaßt ihn das Schicksal, das den ergreift, dem sich das Weibliche zur Großen Mutter zurückverwandelt, er regrediert zum Stadium des Sohnes und erleidet das Schicksal der Sohngeliebten.»[(5)]

In dem Augenblick, als er seine schicksalhafte Situation in vollem Umfang erkennt, zu der er sich hätte bekennen und sie mit männlichem Durchstehvermögen hätte aushalten müssen, als er den Durchblick hätte haben sollen, um zu wissen, wohin der Weg weiterführt, beraubt er sich selber der errungenen oberen Männlichkeit, indem er sich mit den Nadeln vom Gewande der Mutter selber die Augen aussticht und mit der Blendung sich selbst im Bereich der oberen Männlichkeit kastriert.

«... diese geistige Form der Selbstkastration hebt wieder auf, was er mit dem Sieg über die Sphinx erworben hatte. Die männliche Progression des Helden, die ihm einmal geglückt war, wird durch den alten Schock, die Angst vor der Großen Mutter, die ihn nach der Tat ergreift, rückgängig gemacht. Er wird zum Opfer der Sphinx, die er besiegt hatte.»[(5)]

Bevor ich auf diese Vorgänge noch einmal näher eingehe, möchte ich zunächst noch auf ein weitverbreitetes Mißverständnis der Aussagen E. Neumanns hinweisen, das dadurch entsteht, daß man die Termini «männlich» und «weiblich» nicht als eine symbolische Bezeichnung versteht, sondern als einen geschlechtsgebundenen Persönlichkeitszug. Ausdrücklich betont E. Neumann: «Wenn wir davon sprechen, daß in Stadien, Kulten oder Persönlichkeiten weibliche oder männliche Dominanten sichtbar werden, handelt es sich um psychologische Aussagen, die weder biologisch noch soziologisch reduziert werden dürfen. Die Symbolik von ‹männlich› und ‹weiblich› ist archetypisch transpersonal, sie wird in den verschiedenen Kulturen irrtümlicherweise auf die Person als auf ihren Eigenschaftsträger projiziert. In Wirklichkeit ist psychologisch jedes Individuum gemischt. Auch hier ist also das Symbol nicht ableitbar von der Person, sondern geht ihr voraus. Umgekehrt gehört es zu den Komplikationen der individuellen Psychologie, daß in den Kulturen die Einzelperson vergewaltigt wird, indem sie mit der einen, männlichen oder weiblichen, Seite des symbolischen Gegensatzprinzips identifiziert wird.»[(5)]

Einer solchen Form von Einseitigkeit würde man auch verfallen, wenn man in der Antwort auf die Rätselfrage der Sphinx den «Menschen» mit dem Manne gleichsetzen würde, auch wenn das Bild des «Greises», der sich auf den Stock stützt, dazu verleiten könnte. Die Frage nach dem Wesen des Menschen, die Aufforderung «Erkenne dich selbst!» kann nur damit beantwortet werden, daß der Mensch männliche und weibliche Seiten in sich trägt und erst in der gelungenen Verei-

nigung dieser Gegensätze zur Ganzheit seines Menschseins kommt.
Vielleicht kann man die Lösung der Rätselfrage der Sphinx in einem übertragenen Sinne auch so verstehen, daß im Stadium der vier Beine der Mensch sich noch im Zustand einer undifferenzierten Ganzheit befindet (die Zahl 4 versinnbildlicht die physische Welt und jeweils aus 4 Aspekten bestehende natürliche Ganzheiten, wie z. B. 4 Himmelsrichtungen, 4 Elemente, 4 Grundfarben, 4 Jahreszeiten usw.), dann nach dem «Sündenfall» als dem Verlust der Unschuld der Unbewußtheit in der Differenzierung die Gegensatzspannung der 2 erlebt, um schließlich in der Vereinigung der Gegensätze, in der Synthese etwas Neues und Drittes entstehen zu sehen, das auch mit dem Symbol des göttlichen Kindes verbunden wird.
Ödipus als der Ausgesetzte ist der aus dem Paradies der Unbewußtheit vertriebene Mensch. Es führt kein Weg zurück ins Paradies, denn der Engel hält davor Wache, und wir müssen wohl auf dem Wege zunehmender Bewußtwerdung einmal um die ganze Erde herumgehen, um vielleicht von hinten wieder in das Paradies hineinzukommen, wie Kleist es so schön ausdrückt in seinem Essay über das Marionettentheater. Das aber ist nur möglich nach Überwindung der Gegensatzspaltung in der Vereinigung der Gegensätze zu einer neuen Ganzheit.
Ödipus hat vom Baume der Erkenntnis gegessen, hat die Rätselfrage mit «männlicher» Rationalität und Logik gelöst, aber dann vor dem weiblichen Aspekt des Menschen, der in der Sphinx verkörpert ist, versagt. Das Weibliche kann man nicht nur mit dem Kopf verstehen, man muß sich schon näher mit ihm als dem ganz anderen und vielleicht zunächst unheimlich Erscheinenden einlassen, den Mut haben, neue Erfahrungen mit diesem noch unbekannten Wesen zu machen. Ich muß die verwünschte Prinzessin, deren Rätsel ich zu lösen versuche,

auch wirklich «haben» wollen, das gehört zu ihrer Erlösung und damit auch zu der meinigen.

In ihrem Buch(28) «Der ewige Jüngling» bringt Marie-Louise von Franz die Rätselfragen stellende Sphinx in einen interessanten Zusammenhang mit dem Problem des *puer aeternus,* des ewigen Jünglings, der einerseits durch seine schmetterlingshafte Leichtigkeit, eine lebendige Geistigkeit und ein liebenswertes, schillerndes Wesen auffällt, jedoch andererseits durch eine starke Mutterbindung geprägt ist. Dieser Mutterkomplex muß nicht unbedingt darin bestehen, daß der puer aeternus noch an seine leibliche Mutter gebunden ist. Er kann auch noch fest in der Hand der Großen Mutter sein, unter welchen Gestalten diese auch immer auftritt, wie z. B. als Mutter Kirche (mater ecclesiae), Universität (alma mater) oder auch als Hüterin der Konventionen, denen man noch allzu stark verhaftet ist. Natürlich kann die «Große Mutter» auch ein innerer Aspekt in einem Menschen sein. Entscheidend ist das Verharren in der Sohnmentalität, die verbunden ist mit der Abneigung, die Verantwortung für das eigene Leben und Handeln zu übernehmen, in der überstarken Erwartungshaltung, daß «Mutter» schon alles in Ordnung bringen wird. Viele pueri aeterni suchen denn auch in jeder Frau letztlich eine mütterliche Seite, auch wenn das auf den ersten Blick gar nicht danach aussieht und es dem Betreffenden zumeist unbewußt bleibt. Außerdem wird keine der Angebeteten die Erwartungsvorstellungen erfüllen können, die für den puer aeternus mit dem ihm unbewußten Mutterbild verbunden sind. Darum wird er die Frauen lieben und verlassen. Seine anima ist noch zu sehr mit dem Bilde der Großen Mutter in ihm verknüpft, und da er letztlich der Mutter treu bleiben will, kann er sich nicht wirklich mit dem Leben, der Liebe und der Frau einlassen. Er will unschuldig bleiben, doch damit geht er am wirklichen Leben vorbei, denn leben heißt immer auch, schuldig werden und Verantwortung übernehmen für das Schuldigwerden oder für das Schuldigbleiben von etwas.

Marie-Louise von Franz sieht nun die Sphinx als eine Gestalt der Großen Mutter, die solchen pueri aeterni, die unschuldig bleiben möchten, ihre quälenden Fragen stellt. Ödipus versucht auch, unschuldig zu bleiben, aber gerade durch den Versuch, die Erfüllung des Orakelspruchs zu vermeiden, rennt er in sein Schicksal und wird «schuldig» – wenn auch unbewußt –, indem er das Schuldigwerden zu vermeiden sucht.

Auch Parzival, der unschuldige Narr, ist noch zu sehr an die Weisungen der Mutter gebunden und vermag deshalb das «Rätsel» um die schöne Blancheflur, deren Feinde er zwar besiegt, und später das «Rätsel», das der Gral darstellt, nicht zu lösen, obwohl er gerade hier bemüht ist, aber eben allzusehr bemüht ist, korrekt zu bleiben. Aber gerade in seinem Bemühen, unschuldig zu bleiben, wird er schuldig, indem er etwas schuldig bleibt.

Noch aufschlußreicher ist der Weg Taminos in Mozarts «Zauberflöte». Da es ihm nicht gelingt, den Drachen zu töten, fällt er in Ohnmacht, d. h. in den Zustand der Unbewußtheit zurück, und bleibt damit zunächst noch ganz in der Hand der Großen Mutter, der Königin der Nacht. Diese spricht Tamino daher bei ihrer ersten Begegnung folgendermaßen an: «O zittre nicht, mein lieber Sohn! Du bist unschuldig, weise, fromm.» Sie verweist ihn eindeutig in die Rolle des Sohnes, und da er noch ganz in einer Sohnmentalität befangen ist, ist er gleich bereit, sich in die Dienste der Großen Mutter einspannen zu lassen, indem er dem Befehl der Königin der Nacht, ihr bei der Befreiung ihrer Tochter und damit in ihrem Kampf gegen Sarastro zu helfen, widerstandslos und ohne wertende Nachfrage gehorcht. (Taminos Sohnmentalität wird schon vorher deutlich bei seiner ersten Begegnung mit Papageno. Denn auf dessen Frage, wer er sei, antwortet er: «Mein Vater ist Fürst, der über viele Länder und Menschen herrscht; darum nennt man mich Prinz.» Er bezieht seine Identität also noch aus der Rolle des Sohnes seinem Vater gegenüber.)

Auf dem Weg zu höherer Bewußtheit fragt er: «Wann wird das Licht mein Auge finden?», aber dann wird er zunächst einmal vorübergehend «geblendet», indem die Priester Sarastros ihm eine Art Sack über den Kopf stülpen, so daß er sich nicht «behaupten» kann. Da er aber mit seiner «unteren Männlichkeit» in gutem Kontakt bleibt (man kann Papageno und Tamino als zwei Aspekte ein und derselben Person betrachten, wobei Papageno mit seiner instinkthaften Naturnähe und Triebhaftigkeit der unteren Männlichkeit entspricht), gelingt es ihm, vor dem Hintergrund des Machtkampfes zwischen matriarchalen (Königin der Nacht) und patriarchalen (Sarastro) Kräften seinen eigenen Weg zu finden und nicht wie Ödipus einer zu rationalen Lösung des Rätsels, was der Mensch sei, zu erliegen. Es ist in diesem Zusammenhang interessant, daß Schinkel auf einem Bühnenbild für Mozarts «Zauberflöte» eine gewaltige Sphinx darstellte (Abb. 19).

Zunächst verhielt sich Tamino allerdings in seiner Beziehung zu Pamina zu kopfbetont, wodurch er mit dazu beitrug, daß sie Selbstmord begehen wollte, der aber im letzten Augenblick von den drei Knaben, einem positiven Animusaspekt, verhindert wird. Die Bereitschaft zum Tode, der ja auch zur endgültigen Loslösung von ihrer Mutter, der Königin der Nacht, führen sollte, ist genug. «Ein Weib, das Nacht und Tod nicht schcut, ist würdig und wird eingeweiht.»

Im entscheidenden Augenblick des Prüfungsweges, in dem man «rein» wird nicht durch rationale Bewältigung von Problemen, sondern durch die Begegnung mit den vier Elementen

Feuer, Wasser, Luft und Erde, und den Mann und Frau gemeinsam gehen, übernimmt Pamina sogar die Führung mit den Worten: «Ich werde aller Orten an deiner Seite sein. Ich selbsten führe dich, die Liebe leitet mich!» Dieser Führung durch das Weibliche kann sich Tamino getrost anvertrauen und ist dadurch nun frei, die Zauberflöte anzuspielen, ein androgynes Instrument mit männlicher Form und weiblichem Klang, das die beiden Liebenden auf ihrem Prüfungsweg schützt. Nach dem Triumph des «edlen Paares» bekommt ein anderes Paar seine große Szene, nämlich Papageno und Papagena, die wir als untere Männlichkeit bzw. untere Weiblichkeit von Tamino bzw. Pamina ansehen können. Damit will Mozart wohl aussagen, daß es auf dem Weg zur Ganzheit des Menschen notwendig ist, beide Bereiche, den oberen und den unteren, zu beachten, um sie dann miteinander in Einklang zu bringen. Erst dann kann sich ganze Männlichkeit und ganze Weiblichkeit zum Menschen verbinden.

Doch kehren wir nun zurück zu Ödipus und der Sphinx. Marie-Louise von Franz beschreibt es als einen Trick der Großen Mutter, wenn diese dem Helden Fragen stellt, auf welche sie gar keine Antwort erwartet, sondern mit denen sie ihn lähmen will, indem er sich selber fragt, ob er z. B. etwas Bestimmtes wirklich will oder nicht. Er verwickelt sich dadurch immer mehr in die Fragestellung, stellt sich gleichsam selbst in Frage. Der Augenblick, in dem gehandelt werden sollte, ist nicht die Zeit für Diskussionen, auch nicht die Zeit für fruchtlose innere Dialoge mit Hin- und Herschieben von Gedanken. Ödipus habe auch den Fehler begangen, «auf die Frage einzugehen, statt der Sphinx zu sagen, daß sie gar nicht das Recht hat, solche Fragen zu stellen, und daß er sie zusammenschlagen wird, falls sie nochmal so etwas fragt. Statt dessen gibt er eine sehr gute intellektuelle Antwort. Die Sphinx treibt das Spiel sehr klug weiter, indem sie scheinbar Selbstmord begeht. Er klopft sich selbst auf die Schulter und – fällt direkt mitten in seinen Mutterkomplex hinein, in die tragische Zerstörung, einfach weil er die Frage beantwortete und sich dann selbst für sein Entfliehen aus der Schwierigkeit lobte»[28]

Auf ein interessantes Beispiel aus Paestum (3. Jahrhundert v. Chr.), in dem auf einem Bild ein gewisser Silen den Spieß umdreht und der gefürchteten Rätselstellerin seinerseits ein Rätsel aufgibt, weist Demisch hin: «Mit ausgestrecktem Arm hält er ihr einen Vogel hin. Wahrscheinlich handelt es sich um die Wiedergabe eines antiken Rätselspiels: hätte die Sphinx dem Silen geantwortet, der Vogel in seiner Hand sei tot, dann hätte er ihn fliegen lassen. Hätte sie ihn für lebendig erklärt, hätte er ihn rasch zu Tode gedrückt»[2] (Abb. 20).

Manche pueri aeterni versuchen, nach Marie-Louise von Franz, der Mutter mit Hilfe eines Flugzeuges zu entkommen, sie fliegen wenigstens vorübergehend von der Mutter Erde und der Realität hinweg in große Höhen, wohin die Mutter nicht folgen kann. Andere versuchen es mit geistigen Höhenflügen, indem sie sich in für die Mutter unerreichbare philosophische Theorien oder intellektuelle Systeme flüchten. Dabei handelt es sich aber zumeist um einen durch den Mutter-Komplex induzierten «pseudophilosophischen Intellektualismus». Auf diese Weise verliert ein solcher puer aeternus seine Verbindung zum Weiblichen, er rettet dann vielleicht seine obere Männlichkeit, geht aber zugleich seiner erdhaften unteren Männlichkeit verlustig, er wäre dann ein kopfbesessener unterer Kastrat, der seinen Phallus geopfert hat: «Seine erdhafte Männlichkeit läßt er zurück, die den Lehm formt, die die Realität ergreift und gestaltet, denn das ist ihm zu schwierig, und so flieht er ins

Reich der Philosophie. Solche Leute bevorzugen Philosophie, Pädagogik, Metaphysik und Theologie, aber es ist ein völlig lebloses, blutleeres Unterfangen. Hinter einer solchen Philosophie steht keine wirkliche Frage, weil diese Leute keine echten Fragen haben. Für sie ist es eine Art Spiel mit Worten und Begriffen und ermangelt daher jeglicher überzeugender Qualität. Mit solchem ‹philosophischen› Zeug könnte man keinen Schmetterling überzeugen. Niemand würde darauf hören.»(28)

Das Weibliche als rätselhafte Sphinx

Seit dem vorigen Jahrhundert hat die Sphinx in zunehmendem Maße die Kunst erobert. In zahlreichen Gedichten, auf den Bildern vieler bekannter Maler und auch als Plastik tritt sie uns entgegen, und zwar jetzt immer mehr als Darstellung des rätselhaften, oft auch bedrohlich erscheinenden Wesens der Frau, der faszinierenden, aber auch gefahrbringenden Partnerin in der Liebesbegegnung mit dem Mann und schließlich im Zusammenhang mit dem Kampfe zwischen den Geschlechtern. Dabei erscheint die Sphinx oft in der Rolle der «femme fatale» oder sogar als «irdische Chimäre».

Die letztere Bezeichnung stammt von Gustave Moreau, dem Maler des Symbolismus, in dessen Werk das Thema «Ödipus und die Sphinx» eine wichtige Rolle spielt und der mit seinem Bild «Oedipe et le sphinx» (Abb. 21) 1864 auf einer Ausstellung über Nacht berühmt wurde. In einem späteren Kommentar sagt Moreau selber über dieses Bild: «Ödipus und die Sphinx: Der Maler stellt sich den Menschen in jener schweren, ernsten Stunde des Lebens vor, da er sich dem ewigen Geheimnis gegenübersieht. Sie bedrängt ihn, umklammert ihn mit ihren schrecklichen Klauen. Aber der stolze, in seiner sittlichen Festigkeit ruhende Reisende blickt sie an, ohne zu zittern. Sie ist die irdische Chimäre, niedrig wie die Materie, aber auch ebenso anziehend, dargestellt durch diesen bezaubernden Frauenkopf mit seinen das Ideal verheißenden Flügeln, aber dem Leib des Ungeheuers, des Raubtiers, das zerfleischt und

vernichtet. Ödipus ist eine Figur, die streng nach einem Modell dargestellt sein muß. Denn hier kann man den Adel und das Ideal um so besser zum Ausdruck bringen, je näher man dem Menschen kommt, so wie er ist. Er ist kein Held, kein hierarchisch über der Menschheit stehendes Lebewesen, sondern der Mensch mit seinem Elend und seiner Größe ... Ein Reisender in der ernsten und geheimnisvollen Stunde seines Lebens, so trifft der Mensch auf das Geheimnis, das ihn bedrängt und erdrückt. Aber der starke, entschlossene Mensch ... trotzt den berauschenden, rohen Lockungen der Materie und wandert, nachdem er über sie hinweggeschritten ist, zuversichtlich und den Blick auf das Ideal gerichtet seinem Ziel entgegen.»[(29)]
Hier wird die Minderbewertung des Weiblichen bei Moreau deutlich, der von der Frau als «berauschend und roh» zugleich spricht und damit zu einem ähnlichen Urteil kommt wie der von ihm geschätzte Baudelaire, für den die Frau «natürlich, das heißt abscheulich» ist. Hahlbrock beschreibt die dialektische Einstellung Baudelaires und Moreaus zur Frau näher: «Bedeutet nämlich dieses Bild der Frau allerdings etwas allgemeineres als bloß den Typus des anderen Geschlechts, steht er als allegorische ‹irdische Chimäre› stellvertretend für die Gesamtheit der bewußtlos ihre fremden Zwecke verfolgenden Natur; so war es den Künstlern, die es schufen, doch zugleich das Bild der Frauen, bei denen sie, in der Versuchung zu Wollust, Fortpflanzung und Einwilligung in die eigene Sterblichkeit, diese Natur am quälendsten erfuhren – als ihre eigene.»[(30)] So hat die Sphinx auf Moreaus Bild eine starke weibliche Ausstrahlung, hinter der das zerfleischende Ungeheuer, das sie natürlich auch ist, eher zurücktritt. Chesneau stellt in diesem Zusammenhang die Frage: «Ist das Rätsel, das diese blonde, in ihrer Leichtfertigkeit unfaßliche Gestalt stellt, nicht das Rätsel der Frau selbst? Wer wird darauf antworten? ... Offensichtlich geht es

um Kampf, Kampf von Faszination und Schönheit, wer vermöchte zu sagen, wie der Kampf enden wird, ob die Sphinx oder der Held den Sieg davonträgt?» (zitiert nach [31]).

Für Edouard Schuré, einen Bewunderer von Moreau, ist der Ausgang des Kampfes nicht zweifelhaft, obwohl es sich aus dem Bild Moreaus nicht direkt herauslesen läßt. Schuré sagt: «Die Sphinx trägt eine Krone. Denn seit undenklichen Zeiten ist die schreckliche, verführerische, unergründliche Natur Beherrscherin des Mannes... Aber Ödipus, mit schrecklichem Gesichtsausdruck, mit durchdringendem Blick, antwortet: ‹Die Lösung deines Rätsels, das ist der Mann, das bin ich! Denn alles, was du bist, das bin auch ich. Ich trage dich in mir selbst, mit noch einem Gott mehr: meinem Bewußtsein und meiner Willenskraft. Mit diesem Göttlichen messe ich dich aus von der Kruppe bis zum Haupthaar und von den Augen bis zum tiefsten Grund des Schoßes!› Und der Sphinx, überwunden vom Mann, bleibt nichts anderes, als sich in den Abgrund zu stürzen» (zitiert nach [31]).

Solche männlich-überhebliche Einstellung gegenüber dem Weiblichen entspringt ja zumeist einer tiefgründigen Angst vor der Frau, einer Unsicherheit in bezug auf die eigene Potenz, einer Befürchtung, der Frau nicht wirklich gewachsen zu sein, wobei als Ursache solcher Ängste eine starke Mutterbindung im Hintergrund stehen dürfte. Interessant ist, daß auf einem später, nämlich 1886, entstandenen Bild von Moreau die Sphinx tatsächlich die triumphierende Siegerin bleibt (Abb. 22).

Dem Manne überlegen erscheint auch die Sphinx auf dem bekannten Gemälde «Der Kuß der Sphinx» (Abb. 23) von Franz von Stuck (um 1895). Mit stürmischer Leidenschaft überwindet sie ihn, hat ihn fest im Griff, während er sich diesem wollüstigen Kampf wenigstens teilweise freiwillig hingibt und, magisch angezogen und fasziniert von der Sphinx, sich dieser trotz der damit verbundenen Leiden unterwirft. Diese starke Ambivalenz des Mannes gegenüber der Sphinx kommt sehr treffend zum Ausdruck in einem Gedicht von Heinrich Heine, das mit seiner morbiden, schwülstig-erotischen Atmosphäre eine innere Verwandtschaft zu dem erwähnten, 46 Jahre später entstandenen Bild von Franz von Stuck aufweist.

«Dort vor dem Tor lag eine Sphinx,
Ein Zwitter von Schrecken und Lüsten,
Der Leib, und die Tatzen wie ein Löw',
Ein Weib an Haupt und Brüsten.

Ein schönes Weib! Der weiße Blick,
Er sprach von wildem Begehren;
Die stummen Lippen wölbten sich
Und lächelten stilles Gewähren.

Die Nachtigall, sie sang so süß,
Ich konnt' nicht widerstehen –
Und als ich küßte das holde Gesicht,
Da war's um mich geschehen.

Lebendig war das Marmorbild,
Der Stein begann zu ächzen –
Sie trank meiner Küsse lodernde Glut
Mit Dürsten und mit Lechzen.

Sie trank mir fast den Odem aus –
Und endlich, wollustheischend,
Umschlang sie mich, meinen armen Leib
Mit den Löwentatzen zerfleischend.

Entzückende Marter und wonniges Weh!
Der Schmerz wie die Lust unermeßlich!
Derweilen des Mundes Kuß mich beglückt,
Verwunden die Tatzen mich gräßlich.

Die Nachtigall sang: ‹O schöne Sphinx!
O Liebe! was soll es bedeuten,
Daß du vermischest mit Todesqual
All deine Seligkeiten?›

‹O schöne Sphinx! O löse mir
Das Rätsel, das wunderbare!
Ich hab' darüber nachgedacht
Schon manche tausend Jahre.› »[32]

In allen diesen von Männern stammenden Kunstwerken, die nur beispielhaft für viele andere stehen, wird das Wesen der Sphinx nur sehr verkürzt dargestellt, ist eingeengt auf ganz bestimmte, vorwiegend negative Aspekte des Weiblichen, während die über sich selbst hinausweisende Funktion der Sphinx, die Herausforderung zur Erkenntnis des eigenen Selbst und dessen, was der Mensch sei, ganz verloren gegangen zu sein scheint bzw. sich selektiv auf bestimmte Aspekte des Menschseins beschränkt. In dem Maße, wie sich Männer der heutigen Generation in zunehmendem Maße mit dem Weiblichen in sich beschäftigen, es nicht mehr verdrängen, sondern im Laufe eines langen Entwicklungsprozesses annehmen und integrieren können, wird sich auch ein neues Verständnis für die Sphinx und ihre Bedeutung im Bewußtwerdungsprozeß herausbilden.
Als Besonderheit sei noch ein Gedicht zum Thema «Sphinx» zitiert, das von einer Frau zu Beginn dieses Jahrhunderts geschrieben wurde, nämlich «Sphinx» von Else Lasker-Schüler:

«Sie sitzt an meinem Bette in der Abendzeit
Und meine Seele tut nach ihrem Willen,
Und in dem Dämmerscheine, traumesstillen,
Engen wie Fäden dünn sich ihre Glanzpupillen
Um ihrer Sinne schläfrige Geschmeidigkeit.

Und auf dem Nebenbette an den Leinennähten
Knistern die Spitzenranken von Narzissen,
Und ihre Hände dehnen breit sich nach dem Kissen,
Auf dem noch Träume blühn aus seinen Küssen,
Herzsüßer Duft auf weißen Beeten.

Und lächelnd taucht die Mondfrau in die Wolkenwellen
Und meine bleichen, leidenden Psychen
Erstarken neu im Kampf mit Widersprüchen.»[33]

Demisch beschreibt sehr schön den Unterschied der durch die Sphinx symbolisierten Liebesbegegnung aus der Sicht des Mannes und der Frau: «Empfand sich der Mann durch die Sphinx ‹Liebe› gepeinigt, so fühlt sich hier die Frau in eine seelische Traumsphäre entrückt. Versetzten die Künstler bisher das Sphinxmotiv in ein irdisches Terrain mit Felsenklippen und Totengebein, so läßt es die Künstlerin des 20. Jahrhunderts in die Welt des Mondes und der Wolken verschweben. Endete die Sphinx-Begegnung des Mannes, wie sie Heinrich Heine, Moreau und Stuck darstellen, mit einem Fiasko, so verläßt die weibliche Psyche, wie sie Else Lasker-Schüler in diesem vom Jugendstil geprägten Gedicht schildert, den Schauplatz mit einem inneren Erstarken.»[2]

Die Sphinx in dir und mir

Wenn die Sphinx ein zwar sich wandelndes, aber doch Jahrtausende überdauerndes Symbol ist, so müßte sie doch im Leben des einzelnen wie vor allem auch in der Beziehung zwischen zwei Menschen irgendwann auftauchen, ihre Rätselfragen stellen und als Herausforderung zur Ganzheit des Menschseins auftreten. Darum möchte ich nach der Darstellung der vielfältigen Aspekte des Sphinx-Themas jetzt der Frage nachgehen, wo wir in unserem alltäglichen Leben den Erscheinungsformen der Sphinx begegnen, wie die Sphinx uns vielleicht helfen kann, uns selbst und unseren Partner zu erkennen. Welche Bedeutung die Sphinx in unserer individuellen Realität haben kann, wird in einer Tagebuchaufzeichnung von Friedrich Hebbel deutlich: «Die Fabel mit der Sphinx wiederholt sich Tag für Tag. Das Rätsel, das du nicht lösen kannst, zerstört dich!» (zitiert nach [2]).

Auch in Goethes Faust II spielen Sphingen eine Rolle. Sie haben nicht nur eine wegweisende Funktion für Faust und Mephisto, sondern sie sprechen auch den persönlichen wie den kollektiven Bereich an. Auf Mephistos Aufforderung: «Gib Rätsel auf, gib allenfalls Scharaden», antwortet die Sphinx: «Sprich nur dich selbst aus, wird schon Rätsel sein.»[(11)] Anscheinend müssen wir zunächst einmal erkennen, daß wir ein Rätsel sind, bevor wir an dessen Lösung herangehen können.

Der überpersönliche Aspekt der Sphingen kommt in ihrer folgenden Aussage zum Ausdruck:

«Wir von Ägypten her sind längst gewohnt,
Daß unsereins in tausend Jahren thront.
Und respektiert nur unsre Lage,
So regeln wir die Mond- und Sonnentage.
    Sitzen vor den Pyramiden,
    zu der Völker Hochgericht;
    Überschwemmung, Krieg und Frieden –
    Und verziehen kein Gesicht.»

Und ihre letzten Worte sind:

«Ein Sphinx wird sich daran nicht kehren:
Wir lassen uns im heiligen Sitz nicht stören.»(11)

Wenn wir die Sphinx als ein Symbol über die Jahrtausende hin betrachten, so stellt sie uns nicht nur immer wieder die Frage «Wer bist du eigentlich?» im Sinne des apollinischen «Erkenne dich selbst!», sondern sie weist uns stets neu darauf hin, daß unser kleines persönliches Schicksal auch im Zusammenhang mit einer überpersönlichen Ebene steht. Wenn ich erkenne, daß mein ganz individuelles Schicksal auch ein Grundmuster menschlicher Erfahrung hat, das Gemeinsamkeiten hat mit den Erfahrungen vieler Menschen vor mir und nach mir, dann fühle ich mich nicht mehr so isoliert, muß mich nicht als Versager erleben – es erging vielen anderen Menschen schicksalhaft genauso wie mir, sie haben es ertragen und eine Lösung gefunden –, ich finde mich dann im Strom des Lebens wieder, in dem mir Lösungen für meine derzeitige Konfliktsituation zufließen können, den ich aber auch durch von mir ganz persönlich gefundene, erfahrene und erlittene Lösungen bereichern kann, die vielleicht über mir unbekannte Kanäle wiederum anderen hilfreich sein können. Vielleicht sind Rilkes Worte aus dem Stundenbuch so zu verstehen:

«Nichts ist mir zu klein, und ich lieb es trotzdem
und mal es auf Goldgrund und groß,
und halte es hoch, und ich weiß nicht wem
löst es die Seele los ...»[34]

Wenn ich mit der Sphinx in mir meditierend in Kontakt trete, dann werde ich mein Leben nicht allzu kurzsichtiger Planung unterwerfen, sondern werde allmählich die großen Lebensbögen sehen, werde meinen eigenen Rhythmus finden und diesen dann in Einklang bringen mit dem Rhythmus der Welt, meiner Welt, ja ich werde mit dem Kosmos in Einklang kommen. Dieser Gedanke findet sehr schön Ausdruck in der zehnten Duineser Elegie von Rilke:

«Der erhabene Sphinx –: der verschwiegenen Kammer
Antlitz.
Und sie staunen dem krönlichen Haupt, das für immer,
schweigend, der Menschen Gesicht
auf die Waage der Sterne gelegt.»[22]

Hier regt sich der Geist des neuen Wassermannzeitalters, in dem Gott in der Welt und im Kosmos, in allem Seienden erkannt wird. In dem Maße, wie ich mich als Teil dieser Welt und des Kosmos erlebe, mit ihnen in Einklang komme, fühle ich mich unmittelbar mit Gott verbunden, der nicht in irgendeinem Jenseits thront, sondern mir in allen Dingen und Lebewesen begegnet. Dabei geht es also nicht etwa um ein Abheben von dieser Welt, um eine Flucht aus der Realität, sondern – so paradox es auch klingen mag – wenn ich mit dem «Kosmos» in Einklang bin, dann erst bin ich ganz frei und offen für die kleinen Dinge des Alltags, allerdings kann ich dann Wesentliches von Unwesentlichem unterscheiden. Gerade die Sphinx, die Geist und Instinkt, Mensch und Tier in sich vereinigt, kann uns davor bewahren, daß wir nur Kinder dieser Welt sind, aber auch davor, daß wir den Boden der Realität unter den Füßen verlieren.

Nun werden Sie wahrscheinlich fragen, was wir denn nun eigentlich unter der «Sphinx in dir und mir» verstehen können. Vielleicht können wir sie als eine innere Gestalt in uns betrachten, die gleichsam unser Wesen als Mensch darstellt, die anderen Menschen – besonders solchen des Gegengeschlechts – Rätsel aufgibt, deren Lösung sie erhofft, um damit «erlöst» und verstanden zu werden. Die Sphinx als ein die Gegensätze in sich vereinigendes Symbol enthält männliche und weibliche Aspekte. Aber im Laufe der Entwicklung ist das männliche Element immer mehr zurückgedrängt worden. Schon die thebanische Sphinx wird als weiblich angesehen, wenngleich sie in ihrem ganzen Verhalten auch starke männliche Züge aufweist. Umgekehrt strahlte der ägyptische Sphinx auch grandiose weibliche Wesenszüge aus.

Aber in unserer Zeit, die immer noch weitgehend durch ein patriarchales Weltbild geprägt ist, wird die Sphinx mit dem Wesen der Frau, und zwar vor allem mit ihren rätselhaften Seiten, in Verbindung gebracht.

In der patriarchalen Gesellschaftsordnung ist das Weibliche das zu Enträtselnde, und zwar besonders die dunkle Seite des Weiblichen, weil in der bewußten Welt das Weibliche nicht den ihm gebührenden Platz und Stellenwert hat und insbesondere die naturhafte und instinkthafte Seite des Weiblichen verdrängt wird. Durch die Abspaltung dieser Seite des Weiblichen wird diese «dunkel», d. h. mehr unbewußt, tabuisiert, gefürchtet, abgewertet und verfolgt.

Durch die Aufspaltung der Großen Mutter, des Weiblichen überhaupt, wird für eine klare Trennung gesorgt: Hera ist die

Repräsentantin des lichten, guten, fruchtbaren und heilbringenden Aspekts des Weiblichen, während die Sphinx für den dunklen, bösen, furchtbaren und verderbenbringenden Aspekt steht. Da weiß man schließlich, woran man ist.

Hera ist dann ähnlich wie die Madonna ohne Geschlechtlichkeit (vielleicht muß Zeus sich deshalb immer wieder seine Befriedigung bei Menschenfrauen holen), bzw. ist die Geschlechtlichkeit auf die Mutterfunktion eingeschränkt, während die Sphinx im Mittelalter der Wollust zugeordnet wurde. C. G. Jung zitiert in diesem Sinne Alciatus: Die Sphinx bedeute «... die Wollust des Leibes, sei nämlich zunächst anziehend von Aussehen, aber herb und traurig, nachdem man von ihr gekostet hat – von ihr heißt es ... Buhlerei lockt junge Männer weg von ernsthaften Studien.»[3]

Im Christentum führte die Entwicklung zur Aufspaltung des Weiblichen in die Aspekte der Madonna und der Hexe. Die Madonna steht in lichter Unversehrtheit auf einem Podest in unerreichbarer Höhe (und Weltfremdheit), während die irdische Eva ja bekanntlich die Sünde in die Welt gebracht hat und dem «Fürsten dieser Welt» (= Teufel) zugeordnet wird. Jede Frau war dann eine potentielle Hexe, man mußte es nur nachweisen, was in den zweifelhaften Verfahren der Hexenprozesse nicht schwierig war.

Die «irdische» Frau wurde von der Kirche eindeutig und mit oft geradezu abstoßenden Formulierungen abgewertet, während meines Erachtens doch die «helle» Seite der Frau nicht «besser» ist als die dunkle, wie auch der Tag nicht «besser» ist als die Nacht. Erst die unterschiedliche Bewertung von an sich gleichwertigen Polaritäten bringt eine schiefe Ebene ins Spiel.

So geschah es auch mit den Polaritäten Himmel und Erde, Geist und Fleisch, wobei schlimmerweise auch noch der Mann dem Himmel und dem Geist zugeordnet wurde und die Frau der Erde und dem Fleisch. Der natürliche Wert der Sexualität und damit einer «würdigen» Vereinigung von Mann und Frau wird voller Verachtung ins Gegenteil verkehrt. Man geht hier von den Verfehlungen aus, doch wissen wir ja, daß Verfehlungen im Bereich des Geistes (z. B. Hexenprozesse) genauso schlimm (vielleicht sogar schlimmer) sein können wie im Bereich der Sexualität.

So ist es auch nicht verwunderlich, daß es im Christentum zwar im Bereich des Nahrungstriebes zu einer hohen Kultivierung der Eß- und Trinkgewohnheiten kam, aber man im Umgang mit dem Geschlechtstrieb wahrlich weder von Natur noch von Kultur sprechen kann. Die negative Bewertung der Sexualität durch die Kirche im Mittelalter verdarb den Menschen die natürliche Freude an einem gesunden Geschlechtsleben und machte ihnen zusätzlich noch ein schlechtes Gewissen. Den Frauen wurde der Zugang zu einer natürlichen Sexualität und kultivierterer Erotik durch das Schreckgespenst der Hexen (= abgespaltene «dunkle» Seiten des Weiblichen), die angeblich mit dem Teufel Buhlerei treiben, versperrt. Frauen und Männer sollten sich ganz an der einseitig lichten Seite der Madonna orientieren. Dabei erscheint mir eine übertriebene Marienverehrung (Madonnenkult) genauso destruktiv wie die Hexenverfolgung, da es durch die Ausklammerung jeweils einer Seite der Ganzheit der Frau zu einem Ungleichgewicht und zu einer einseitigen Verzerrung des Frauenbildes kommt, die zu furchtbaren Folgen im Leben der Frau wie auch des Mannes und in der Partnerschaft, führen kann.

Den Männern wurde Angst gemacht vor dem dunklen Hexenaspekt der Frau, denn durch das Weib kam die Sünde in die Welt, und der Mann muß sich vor der Verführung durch das Weib in acht nehmen. So ist die Angst des christlichen Mannes vor der dunklen Seite des Weiblichen und insbesondere auch vor der Sexualität nur allzu verständlich, und es leuchtet ein, daß bei einer solchen Grundeinstellung die Begegnung zwischen Mann und Frau im Bereich von Eros und Sexus von tiefem, oft unbewußtem Mißtrauen geprägt und arm an spielerischen, kreativ-gestaltenden Elementen ist, so als würde für diesen Bereich der Auftrag des Schöpfers «Macht euch die Erde untertan!» nicht gelten. Zum Glück gibt es zunehmend mehr Christen, die sich die Freiheit der Kinder Gottes auch auf diesem Gebiet zu nehmen bereit sind.

Wenn nun der Mann, wie wir ja immer wieder gesagt haben, auch eine weibliche Seite hat als zunächst noch unbewußte gegengeschlechtliche Seite in sich – C. G. Jung nennt sie Anima –, so hat er natürlich auch den dunklen Aspekt der Weiblichkeit in sich, also gleichsam eine Hexe oder Sphinx in seinem tiefsten Inneren. Vor diesem Aspekt haben viele Männer eine panische Angst, sie sperren ihn in die tiefsten Kammern der Seele ein, und sie ahnen nicht, daß sie ohne diese Hexe oder Sphinx, die akzeptiert und mitleben will – wobei sie dann übrigens ihre Destruktivität verliert –, niemals zu ihrer Ganzheit kommen können. Destruktiv ist die Sphinx nur, wenn sie abgespalten wird, wenn man sie sich einfach in den Abgrund stürzen läßt. Wenn man sich aber mit ihr näher einläßt und sie in sein Leben integriert, wird sie einem mit all ihrer Kraft und natürlichen Weisheit zur Verfügung stehen.

Der Mann aber, der seine Hexe oder Sphinx gewohnheitsmäßig verdrängt (Verdrängung ist niemals eine wirkliche Erledigung), wird immer wieder diesen Aspekt, und zwar ohne daß er selber es merkt, auf reale Frauen projizieren und am Ende glauben, daß er mit einer echten Hexe verheiratet ist, die man am besten auf dem Scheiterhaufen verbrennen sollte.

(Zur Problematik von Animus und Anima im folgenden siehe den Exkurs nach diesem Kapitel.)

Worin aber besteht nun die mögliche Lösung des Problems, das Rätsel der Sphinx in dir und mir zu lösen, und zwar sowohl für die Frau als auch für den Mann?

Zunächst müssen wir feststellen, daß das Symbol der Sphinx, wie es in unserer Zeit allgemein verstanden wird, für Mann und Frau in seiner Bedeutung unterschiedliche Auswirkungen hat.

Für den Mann bedeutet die reale Frau als das ganz andere ein Rätsel. Die Frau stellt ihm nicht nur rätselhafte Fragen, die er lösen zu müssen glaubt, sie ist ihm in seiner einseitigen Männlichkeit ihrem ganzen Wesen nach selber ein Rätsel. Er hat immer wieder auch Angst, dieses Rätsel nicht lösen zu können und damit ein Versager zu sein oder aber auch durch zu rationale Lösung der Rätselfragen in regressiver Weise wieder in den Schoß der Großen Mutter zurückgeworfen zu werden. Die Rätselhaftigkeit der Frau wird für den Mann noch verstärkt durch die Rolle seiner Anima in diesem Spiel. Wenn diese ihm noch weitgehend unbewußt und noch mit dem Bild der Mutter verschmolzen ist, muß ihn diese unbekannte, rätselhafte Seite in ihm beunruhigen und ängstigen, da er sie nicht, wie sonst gewohnt, rational erfassen und benennen kann. Und dann begegnet er in der realen Frau einem ähnlich rätselhaften Wesen, welches die durch das rätselhafte Weib in ihm selber ausgelöste Verunsicherung seiner «männlichen» Identität noch verstärkt. Er ist von Angst erfüllt, und dennoch will eine unstillbare Sehnsucht und eine ungeheure Faszination von möglicher Erfüllung ihn zu einer Lösung des Rätsels drängen. Dazu projiziert der Mann zunächst einmal (natürlich unbewußt) seine Anima auf die reale Frau, womit er seiner eigenen weiblichen Seite erst einmal ansichtig wird. C. G. Jung umschreibt sehr schön, welche Seiten bei der Frau eine Animaprojektion des Mannes begünstigen. «Unerläßlich ist der sogenannte ‹Sphinx›-Charakter, die Zweideutigkeit oder Vieldeutigkeit; nicht eine vage Unbestimmtheit, in die man nichts hineinlegen kann, sondern eine verheißungsvolle Unbestimmtheit, mit dem sprechenden Schweigen einer Mona Lisa – alt und jung, Mutter und Tochter, von fragwürdiger Keuschheit, kindlich und von männerentwaffnender naiver Klugheit.»[35]

Die Frau hingegen fühlt sich in der patriarchalen Gesellschaft primär oft in der Rolle der Sphinx wieder, und zwar meist wider Willen in diese hineingedrängt. Sie fühlt sich negativ bewertet durch den Mann, der in sie den Aspekt des gefährlichen Ungeheuers hineinsieht. Sie erlebt sich vom Mann in eine Spaltung gedrängt, obwohl sie doch die helle und die dunkle Seite des Weiblichen in sich hat und miteinander in Einklang bringen möchte. Dann stellt sie manchmal dem Mann Rätselfragen, und wenn dieser die Fragen nur in allzu rationaler Weise beantworten kann, ist sie zu leicht geneigt, sich gleich in den Abgrund zu stürzen – Suizid als Form des Rückzugs –, und nimmt dem Mann dadurch die Chance, das Rätsel, das sie selber darstellt, zu lösen. Sie läßt den Mann ins Leere laufen, und der brüstet sich voreilig mit seinem Rätselsieg, ohne zu ahnen, daß es ein Pyrrhussieg ist.

Das ist übrigens auch eine Möglichkeit der Kastration des Mannes durch die Frau. Sie läßt ihn im Bereich der oberen Männlichkeit totlaufen und versagt ihm eine Auseinandersetzung auf der Ebene der unteren Männlichkeit und unteren Weiblichkeit. (Die untere Weiblichkeit ist dem Schoß als Ort der Lust und der Befruchtung zugeordnet, die obere Weiblichkeit dem Herzen.) Beide, Mann und Frau, Ödipus und die Sphinx, bleiben nicht am Ball, geben zu früh auf. Hier wird die Ambivalenz des seiner selbst noch nicht sicheren Mannes offenbar; bewußt will er zwar die verwünschte Prinzessin erlösen, was aber nicht ausschließt, daß im Unbewußten ein Wunsch nach Scheitern und Versagen besteht, denn auch das kann scheinbare «Befreiung» bringen und «Bestätigung» bedeuten. Vielleicht will er sich einmal mehr bestätigen lassen, daß er ein Versager ist (vielleicht ist ihm das ein vertrautes Gefühl, und im Vertrauten kennt er sich halt aus), und auch, daß die Frauen es letztendlich nicht wert sind, daß man zu ihrer Erlösung sein Leben riskiert.

Natürlich können wir auch auf seiten der Frau eine ähnliche Ambivalenz erleben. Die verwünschte Prinzessin möchte einerseits unbedingt erlöst und mit dem, der ihr Rätsel gelöst hat, glücklich werden, aber die eine Hand ist auch am Schwert des Vaters, um dem Mann, wenn er ihr Rätsel nicht lösen kann, das Haupt damit abzuschlagen, also ihn im Bereich der oberen Männlichkeit zu kastrieren. Auch Kastration kann eine Art von Genugtuung schaffen, sonst würde sie wohl nicht so oft geschehen. Man kann dabei den «Mann» oder die Männer so schön bestrafen für alles, was sie im Laufe der Zeit mir als Frau wie auch den Frauen überhaupt angetan haben. Doch geschehen solche Kastrationen nicht aus purer Boshaftigkeit und in voller Bewußtheit der Frau. Vielmehr ist es der noch weitgehend unbewußte Animus der Frau, der seine Hand hier im Spiele hat und das Schwert (des Vaters) führt. Das Weibliche einer solchen Frau fühlt sich noch so ununterschieden vom Animus, daß die Frau glaubt, die vom Animus gesteuerten Worte und Taten entsprängen ihrem tiefsten Wesensgrund, wenngleich im Nachhinein solche Aktionen des Animus oft als ichfremd erlebt und bereut werden.

Zunächst einmal hatte ich jetzt die Beziehung zwischen Mann und Frau auf jener Ebene im Blick, auf der die Frau für den Mann eine rätselhafte Sphinx sein kann, und wir sahen, welche Rolle dabei Animus und Anima spielen.

Ein Schema möge dies noch besser verdeutlichen, wobei ich

mir natürlich nicht einbilde, mit einem solchen Schema könne man die Wirklichkeit und Dynamik einer Beziehung voll erfassen.

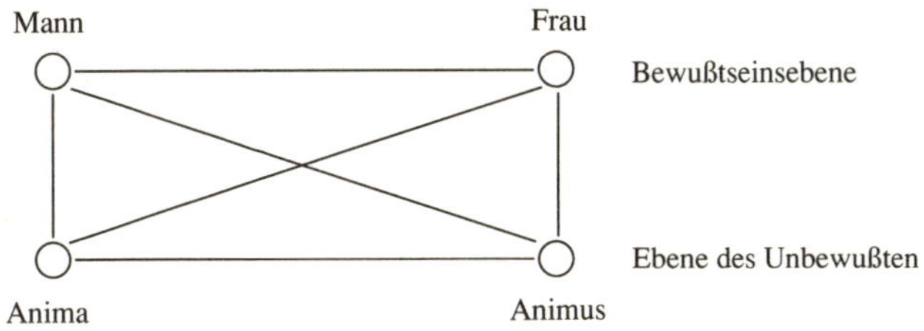

Nach C. G. Jung sind bei einer Beziehung zwischen zwei Menschen immer gleichsam vier Personen im Spiel, nämlich Mann und Frau sowie Animus und Anima. Insgesamt haben diese vier Personen sechs Ebenen der Beziehung zueinander, die natürlich ständig alle mitschwingen in einer Beziehung.

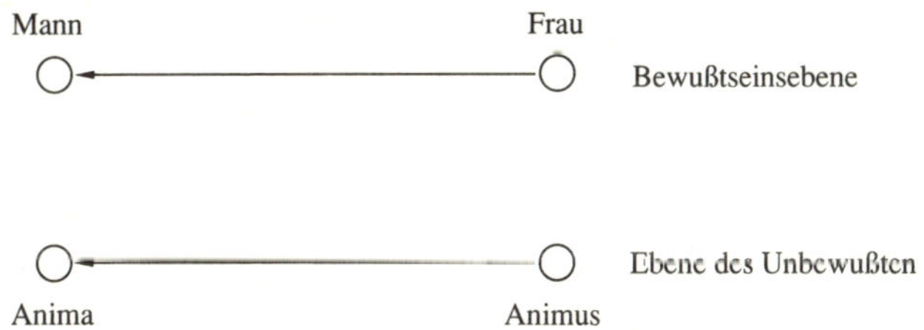

In diesem Schema habe ich nun durch Pfeile die beiden Ebenen besonders hervorgehoben, welche die wichtigste Rolle spielen, wenn ein Mann in einer Frau einen rätselhaften Sphinx-Aspekt erlebt, wobei die Pfeile zugleich die Richtung angeben, in welche die psychische Energie dabei vorwiegend fließt.
Einmal erlebt der Mann auf der bewußten Ebene die reale Frau, zum anderen begegnet ihm auf der unbewußten Ebene der ihm in dunkler Ahnung bedrohlich erscheinende Animus

der Frau. Beide Aspekte erscheinen ihm rätselhaft, einmal das Weibliche als solches, dann auch der in der Frau ihm unerwartet entgegentretende männliche Aspekt des Animus. Wie reagiert nun ein Mann auf dieses doppelte Rätsel?

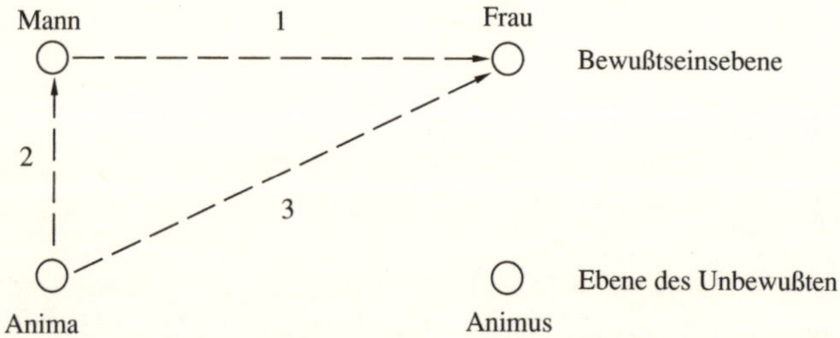

1. Er negiert das Rätsel in der anmaßenden Überzeugung, er wisse schon, was die Frau sei und wie man diese – natürlich auch seine derzeitige Partnerin – zu behandeln habe. Der Mann kann es im allgemeinen viel schlechter ertragen, daß er eine rätselhafte Seite, eine Sphinx in sich haben soll, und darum zieht er sich so schnell wie möglich wieder in eindeutige Männlichkeit zurück. Gerne kehrt er dann den bestimmenden Pascha heraus, was nicht ausschließt, daß eine geschickt agierende Frau ihn diese Rolle spielen läßt, wobei aber letztlich sie Regie führt.

2. Er läßt seine Anima den Rückzug antreten, da er sich dem zu gefährlich erscheinenden Animus der Frau nicht gewachsen fühlt. Seine Anima kapselt er gleichsam als einen eingeschlossenen Fremdkörper in sich ab, wodurch sie ihm auch in der Folge nicht bewußt werden kann und er keine Beziehung zu ihr bekommt. Natürlich ist das Problem damit nicht wirklich gelöst, und die Folge davon ist, daß dieser Mann nicht durch seine Weiblichkeit die notwendige Ergänzung und Abrundung erfährt, sondern es werden sich immer wieder ichfremde «weibi-

sche» Züge störend bemerkbar machen. Ein Mann ohne integrierte Weiblichkeit ist kein ganzer Mann, oder besser gesagt kein ganzer Mensch. Vielmehr bleibt er einer Sohnmentalität verhaftet. Der «Rückzug» seiner Anima bedeutet dann auch Ausschaltung der gefährlich erscheinenden Animus-Anima-Ebene, zumal ein solcher Mann in seiner Partnerin vor allem den Aspekt der Mutter – der ja von seiner Anima noch nicht unterschieden ist – sucht und sich dieser als «Sohn» unterordnet. Er ruft seine Frau dann oft auch «Mutti».

3. Die «einfachste Methode», seine Anima zunächst einmal «loszuwerden», besteht darin, sie auf eine reale Frau zu projizieren, die sich aufgrund gewisser Ähnlichkeiten mit dem inneren Frauenbild des Mannes dafür besonders eignet. Manche Frau wird sich vielleicht vorübergehend ganz wohl fühlen, wenn sie einfach in die Rolle der Anima eines Mannes schlüpft. Dieser wird alles für sie tun, weil er ja glaubt, endlich genau die Frau gefunden zu haben, von der er immer geträumt hat, die ganz seinem inneren Bild von der Frau entspricht. Nach einiger Zeit aber wird die Frau immer häufiger das Gefühl haben, daß sie nicht mehr sie selber ist, und wenn sie sich dann ihrem Wesen gemäß wandelt, wird der Mann unzufrieden und wirft ihr vor, sie habe sich zu ihrem Nachteil verändert.

Noch schlimmer ist es, wenn der Mann die dunklen Seiten seiner Anima auf die Frau projiziert. Wenn er in Unbewußtheit seiner Anima verfallen ist, verliert er sich in furchtbaren Stimmungen und Launen und wird dabei unausstehlich. Niemand kann es ihm recht machen, und oft tyrannisiert er mit seinen Launen die ganze Familie. Infolge seiner Animaprojektion glaubt er selber jedoch, er sei wirklich mit einer launischen und unausstehlichen Hexe verheiratet.

Wie ist es nun möglich, daß die Frau der Sphinx, also dem rätselhaften Weiblichen im Mann, begegnet? Wieder möge ein Schema zur Verdeutlichung beitragen.

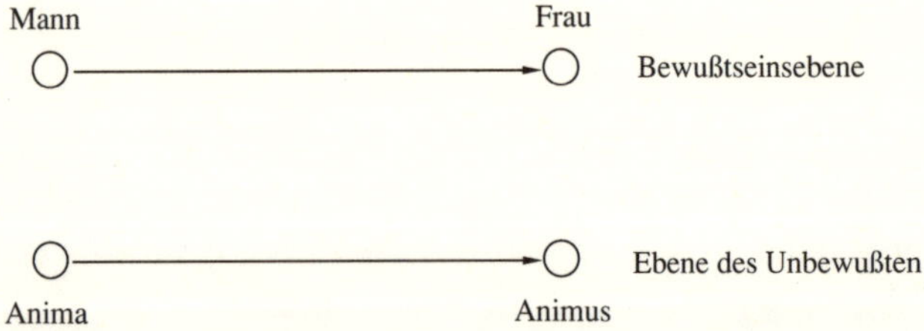

Auf der bewußten Ebene erlebt die Frau den Mann weniger als das unbekannte rätselhafte Wesen als umgekehrt der Mann die Frau, weil man in einer patriarchalen Gesellschaft einfach besser über den Mann Bescheid weiß oder, besser gesagt, zu wissen glaubt. Natürlich besteht dabei die Gefahr, daß das Bild der Frau vom Mann sich an zu konventionellen Maßstäben ausrichtet und die Frau dadurch dem individuellen Wesen ihres Partners nicht gerecht wird.

Auf der unbewußten Ebene aber steht der Animus der Frau gleichsam als Ödipus vor der Sphinx des Mannes, welche den Animus provozierend mit ihrem Rätsel herausfordert. Auf dieser unbewußten Ebene ist die Frau mit der Männlichkeit ihres Animus das «stärkere Geschlecht», und darum erlebt sich der Mann im Bereich seiner Anima besonders gefährdet. Nur zu häufig führt die Angst vor Verletzung dazu, daß der Mann seine empfindliche und empfindsame Anima nicht wahrhaben will, sie einfach negiert und hinter einer Fassade harter (aber sehr einseitiger) Männlichkeit verbirgt. So kann er natürlich auch nicht der Sphinx in sich begegnen und damit auch nicht ihr Rätsel lösen. Aus der Tiefe ihrer Verbannung macht sie sich dann trotzdem oft bemerkbar, und zwar bei unpassenden Gelegenheiten und sehr zum Unwillen des Mannes. So ist ja bekannt, daß Bismarck, der eiserne Kanzler, öfters von heftigen Weinkrämpfen heimgesucht wurde.

Wie reagiert nun eine Frau auf dieses Rätsel?

1. Es ist einmal möglich, daß der – noch nicht integrierte – Animus (gleichsam als Ödipus der Frau) das Rätsel der Sphinx in zu rationaler Weise löst – aber nicht das Rätsel, das diese selber darstellt –, sich als Sieger fühlt und die Sphinx (= Anima des Mannes) sich in den Abgrund stürzen läßt oder sie mit der Keule erschlägt.

2. Die Frau kann natürlich auch das ihr in der Anima des Mannes begegnende Rätsel negieren und ihren Animus auf den realen Mann projizieren. Dabei kann sie in ihm den idealen Vater, den großen Helden, den schillernden Jüngling oder den alten Weisen sehen. Aber sie kann auch die dunkle Seite in ihm erkennen, z. B. den Tyrannen, in dessen Abhängigkeit sie gerät, oder aber den zwanghaften Prinzipienreiter, der immer wieder versucht, die Partnerschaft unter die Gegebenheiten seiner eigenen Veranlagung zu stellen, vielleicht auch den Don Juan, der als Verführer die Frauen liebt und sie dann verläßt, oder schließlich den dogmatischen Lehrer, dem seine wissenschaftlichen oder sonstigen Systeme wichtiger sind als lebendige Menschen.

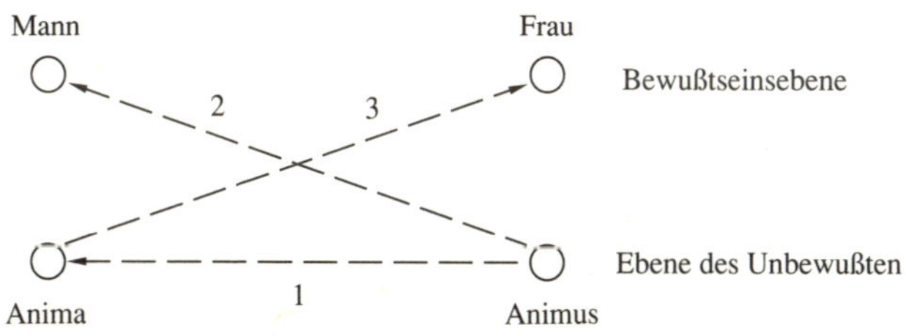

3. Schließlich kann die Frau versuchen, ihrem Dilemma mit der Anima des Mannes dadurch zu entkommen, daß sie in de-

ren Rolle schlüpft und damit die Anima des Mannes für ihn in der Realität darstellt. Das führt zunächst für beide Partner scheinbar zu zufriedenem Glücklichsein, man versteht sich gut, weil man sich miteinander arrangiert hat. Aber dieses Arrangement geht auf Kosten der Frau. Denn während der Mann sich glücklich schätzt, endlich die Frau seiner Träume gefunden zu haben, jenes weibliche Wesen, das (mit der zusätzlichen Unterstützung durch seine Projektion) seiner inneren Vorstellung von der Frau so getreulich entspricht, entfremdet sich die Frau immer mehr ihrem eigentlichen Wesen, verliert die Verbindung zu ihrem Seinsgrund, wird reduziert auf die Rolle der Hauptdarstellerin in dem Erfolgsstück «Die Beglückung des Mannes». Am Ende fällt der «glückliche» Mann aus allen Wolken, wenn sich die Frau schließlich von ihm trennt, um endlich ihren ganz eigenen Weg zu finden.

Wir sehen, wie in der Beziehung zwischen Mann und Frau jeder dem anderen ein Rätsel aufgibt, und dieses Rätsel hat eine doppelte Natur. Zunächst einmal ist es die Rätselfrage, «Was ist der Mensch?» oder die Aufforderung «Erkenne dich selbst!», sodann die Lösung des Rätsels, wer und wie meine Partnerin bzw. mein Partner ist, die Frage nach dem tieferen Wesen meines Du. Die Antwort auf die Rätselfrage lautet bei Mann und Frau gleich: «Der Mensch ist männlich und weiblich zugleich.» Das Lebewesen, das am Morgen auf vier Beinen läuft, ist der Mensch im Zustand seiner naiven, noch undifferenzierten Ganzheit des Kindesalters, und wenn er am Mittag auf zwei Beinen läuft, so bedeutet dies, daß er die männlich-weibliche Gegensätzlichkeit in ihrer vollen Schärfe und Differenziertheit erlebt (die gegensätzlichen Seiten müssen sich zunächst einmal ganz scharf voneinander unterscheiden, bevor es zu einer Vereinigung der Gegensätze kommen kann), und die drei Beine des Menschen am Abend versinnbildlichen, daß in der Vereinigung von Männlichem und Weiblichem ein Drittes hinzukommt. Das kann einmal ein reales Kind sein als leibliche Frucht der Liebe, aber es kann damit auch das «göttliche Kind» gemeint sein als Symbol für eine neue Wirklichkeit und Dimension des Lebens, erwachsen aus der Vereinigung von Männlichem und Weiblichem, und schließlich kann damit auch ausgedrückt werden, daß aus der Vereinigung von Männlichem und Weiblichem nicht einfach die Summe aus zwei Elementen entsteht, sondern etwas Drittes, Neues, Eigenes: der Mensch in seiner Ganzheit.

Richten wir unseren Blick noch einmal etwas genauer auf die zweite Phase, nämlich auf die Erfahrung der Gegensätzlichkeit von Männlichem und Weiblichem, und zwar unter Berücksichtigung der Tatsache, daß diese beiden Qualitäten sowohl beim Mann als auch bei der Frau vorhanden sind. Denn aus dem mangelnden Wissen um den Gegensatz weiblichen und männlichen Wesens, durch Mißverständnisse bei seinen Auswirkungen und schließlich auch durch die starre Zuordnung von Männlichem zum Mann und Weiblichem zur Frau erwachsen grundlegende Konflikte zwischen den Geschlechtern und tiefgreifende Schwierigkeiten in Partnerschaft und Beziehung. Dazu möchte ich zunächst E. Neumann zu Wort kommen lassen:

«Das wortlose Voneinanderwissen ist, wo es wirklich statthat, eine totalere und dem Weiblichen wesentlichere Form des Zusammen als das Sichgegenüberstellen des Männlichen, das im Ich zu Ich, Bewußtsein zu Bewußtsein, sich oft mehr auseinandersetzt als verbindet.

Eine Fülle von Konflikten in Ehe- und Liebesbeziehungen beruht auf diesem Gegensatz weiblichen und männlichen Wesens, wobei die Konstellation zwischen Mann und Frau dadurch so ungemein kompliziert wird, daß auch zwischen Anima und Animus alle die gegensätzlichen Beziehungen hervortreten, welche archetypisch das Männliche vom Weiblichen unterscheiden. Die Anima, getreu ihrer weiblichen Natur, tendiert, unabhängig von dem distanzwollenden männlichen Ich des Mannes, zur Herstellung einer emotional betonten der Urbeziehung entsprechenden Identitätsbeziehung. Die Frau dagegen hat zwar in ihrer Weiblichkeit bewußt den Willen zum Zusammen, zum Einssein in der Partizipation, kann es aber, von ihrer männlichen Animusseite verfolgt, nicht unterlassen, trennende und ärgerliche ‹Gesichtspunkte› zu haben, kritische Bemerkungen zu machen usw., um dann entsprechend verletzt und verwundet zu sein, wenn dies die so sehnlichst erwünschte Seelengemeinschaft mit dem Mann stört.»(36)

Wenn wir uns an unser Schema erinnern, so fällt gleich auf, daß die Beziehungskonflikte dadurch entstehen, daß auf den horizontalen Ebenen des Bewußtseins und des Unbewußten gegensätzliche Tendenzen sich ausdrücken und zur Wirkung kommen, ohne daß zwischen den beiden Ebenen eine Verbindung besteht, es sei denn in der Diagonalen von unten nach oben (= Projektion).

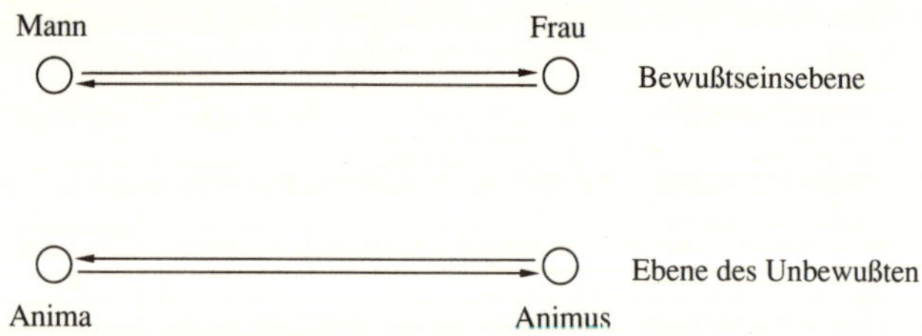

Die Partner erhalten vom anderen auf den Ebenen des Bewußtseins und des Unbewußten zwei entgegengesetzte Botschaften, wobei vor allem die aus dem Unbewußten kommenden Botschaften von Animus und Anima für den anderen besonders schwer verständlich sind. Frauen sind oft verstimmt, wenn sie von einer Welle diffuser Verschmelzungssehnsucht eines Mannes überschwemmt werden, der seiner ihm noch unbewußten Anima verfallen ist. Davor glaubt sich eine Frau, die noch von ihrem Animus besessen ist – d. h., sie erlebt ihn noch feindlich und destruktiv und nicht als Freund –, nur retten zu können, indem sie sich distanziert oder gar mit dem Schwert des Animus (das ist die Waffe des scharfen Wortes oder der spitzen Bemerkung) einen deutlichen Trennungsstrich zieht. Eine solche Distanzierung kann in einem solchen Fall auch notwendig sein, um aus dem Gefühlsclinch herauszukommen und den anderen wie auch die Beziehung wieder in den Blick zu bekommen. Aber der unerfahrene Mann wird eine solche Distanzierung als kränkende Zurückweisung erleben und sich beleidigt zurückziehen. Bei einer derartigen Auseinandersetzung zwischen Animus und Anima im Zustand noch großer Unbewußtheit gibt es nur Besiegte. Wer solche «Animus-Anima-Verhackelungen« mit ihrer grandiosen Destruktivität noch nie erlebt hat, sollte sich nicht wie Ödipus rühmen, zu wissen, was der Mensch sei. Wer seine Partnerschaft unbedingt aufs Spiel setzen will oder auch eine weitere Bestätigung für seine Hypothese sucht, daß Männliches und Weibliches absolut nicht in Frieden miteinander auskommen können, der fechte doch solche Auseinandersetzungen auf der Animus-Anima-Ebene unbedingt mit verbalen Mitteln bis zur letzten Konsequenz aus, und zwar in der selbstverständlichen Überzeugung, daß er allein im Recht ist und dem anderen in dessen eigenem Interesse klarmachen muß, daß jener die Situation vollkommen falsch einschätzt.

Erfahrene im Umgang mit solchen Animus-Anima-Gefechten werden jedoch anders reagieren. Sie werden plötzlich gemeinsam in ein herzhaftes Lachen ausbrechen, wenn sie bemerken, daß sie sich mal wieder in den uralten Machtkampf zwischen matriarchalen und patriarchalen Kräften haben hineinziehen lassen, wo es doch darum geht, vor dem Hintergrund der vollzogenen Spaltung im kollektiven Bereich immer wieder die Vereinigung der Gegensätze im individuellen Bereich zu vollziehen. So werden auch ihre Körper sehr schnell wieder zueinander finden und im Einswerden Glück und Ruhe erfahren, und zwar ohne die Probleme vorher «ausdiskutiert» zu haben, sondern nach schlichtem Abbruch einer unfruchtbaren Auseinandersetzung, in der es ohnehin nicht um echte Lösungen geht.

Wer meinen Vorschlägen nicht recht traut, kann ja gerne weiter die Klingen kreuzen, um dann nach durchkämpfter Nacht mit schalem Gefühl festzustellen, daß man keinen Millimeter an Boden gewonnen hat und daß man unbedingt am nächsten Abend weiterkämpfen muß, denn so geht es ja schließlich nicht weiter, man lebt sich ja regelrecht auseinander.

Unbeschadet des Gesagten gibt es natürlich auch in jeder Partnerschaft ein notwendiges Miteinander-Streiten, ein gemeinsames Ringen um konstruktive Lösungen, die beide Partner akzeptieren können und bei denen es keine Sieger und Besiegte gibt.

Die bis jetzt beschriebenen Interaktionen zwischen Frauen und Männern – und darauf sei noch einmal ausdrücklich hingewiesen – beziehen sich auf jenes Entwicklungsstadium, in dem die jeweils gegengeschlechtlichen inneren Partner (Animus und Anima) noch zu unbewußt sind. In einem reiferen Stadium der Entwicklung sind natürlich gelungenere Lösungen möglich. Aber die oben beschriebenen «unvollkommenen» Erfahrungen können nicht von vornherein vermieden werden, denn der richtige Weg zur Ganzheit führt nach Jung über schicksalsmä-

ßige Irrwege und Umwege. Die Irr- und Umwege können trotzdem schön, interessant und belebend sein.
Wie aber kann denn nun das Rätsel der Sphinx in dir und mir in angemessener Weise gelöst werden? Die Lösung des Rätsels vom sinnvollen Umgang von Weiblichem und Männlichem miteinander liegt in der Vertikalen und Diagonalen. Was bedeutet das nun in der konkreten Beziehung? Betrachten wir zunächst einmal die Vertikale!

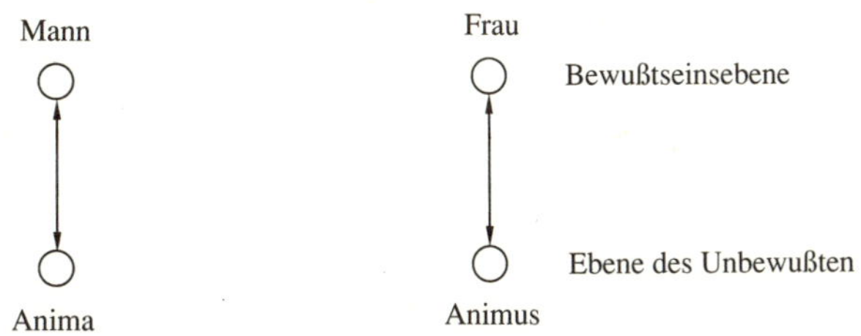

In dem Maße, wie sich Frau und Mann dem eigenen Unbewußten zuwenden, also in die Vertikale gehen, und in einen echten Kontakt kommen mit ihrem zunächst noch unbewußt gewesenen gegengeschlechtlichen Partner in sich (Animus bzw. Anima), werden sie nicht nur die Ganzheit des Menschen allmählich immer mehr in sich selbst erfahren, sondern dadurch auch ein zunehmendes Verständnis für den realen gegengeschlechtlichen Partner bekommen.
Wer die männlich-weibliche Ganzheit in sich selbst erfährt, ist nicht mehr so stark auf einen realen gegengeschlechtlichen Partner angewiesen, er «braucht» ihn nicht mehr so sehr, doch – so paradox es klingen mag – gerade diese Freiheit befähigt ihn, sich als ganzer und freier Mensch voll in eine Beziehung hineinzugeben.
Wie kommt man denn nun in Kontakt mit dem Animus bzw. der Anima? Nach C. G. Jung liegt die Lösung in der «Objekti-

vation»[37]. Der Mann muß gleichsam seine Anima bzw. die Frau ihren Animus wie ein Objekt vor sich hinstellen, sich von ihr bzw. ihm distanzieren und unterscheiden, um dann mit ihr bzw. ihm in einen dialogischen Bezug zu treten, auch in Form von echten inneren Zwiegesprächen. Dann sind Animus und Anima nicht mehr unsere Feinde, die uns zu destruktiven Worten und Taten verleiten – das sind sie nur solange, als wir uns nicht genügend um sie kümmern –, sondern unsere Freunde, die uns auf dem Weg der Selbstwerdung hilfreiche Führung geben können. Wenn ich mich vom Animus bzw. von der Anima unterschieden habe und mit ihnen in einem dialogischen Bezug stehe, werde ich mich nicht mehr mit ihnen identisch fühlen und habe es auch nicht mehr nötig, sie auf reale gegengeschlechtliche Partner zu projizieren.

Es wird dann die Begegnung in den Diagonalen nicht mehr von unten nach oben, wie bei der Projektion, sondern von oben nach unten gehen.

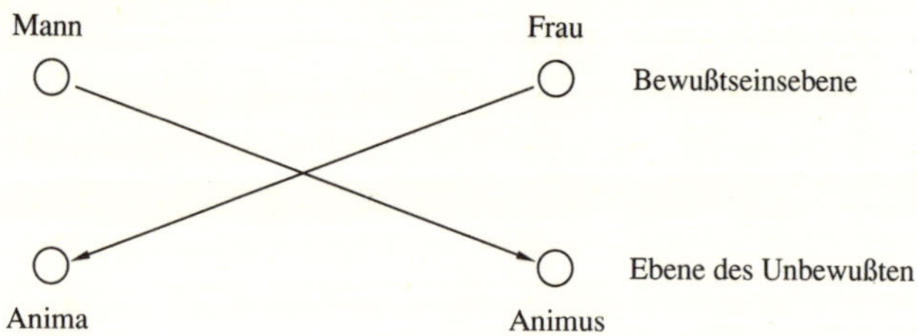

Es wird dann also gleichsam eine Begegnung «von Mann zu Mann» bzw. «von Frau zu Frau» möglich sein, und zwar im Sinne eines wohlwollenden Interesses für die unbewußte, mir gleichgeschlechtliche Seite des Partners. Dann wird sich die Frau in ihrer männlichen Seite vom Mann verstanden fühlen und der Mann in seiner Weiblichkeit von der Frau. Die gegengeschlechtliche Seite in mir kann sich weiter entfalten, da sie sich nicht mehr ständig bedroht fühlen muß, und andererseits bekomme ich auch im Umgang mit der mir gleichgeschlechtlichen Seite im Partner eine ganz neuartige, wertvolle Bestätigung meiner bewußten Männlichkeit bzw. Weiblichkeit.

Durch die zunehmende Integration der gegengeschlechtlichen Seite in uns werden wir Animus und Anima immer weniger als dämonische Kräfte in uns erleben, die uns wie Figuren auf dem Schachbrett des Lebens hin- und herschieben, sondern als eine psychologische Funktion, deren Aufgabe darin besteht, für uns eine Brücke zum Unbewußten zu bilden.

Es geht also auf keinen Fall etwa darum, das Unbewußte unter die absolute Kontrolle des bewußten Ich zu zwingen, sondern das Ich mit den dynamischen Kräften aus dem Unbewußten in Einklang zu bringen. Dann kann ich aus meiner Mitte heraus leben, welche das «Selbst» ist als Zentrum der bewußten und unbewußten Persönlichkeit. Nach E. Neumann wäre dann die «Ich-Selbst-Achse» konstelliert.

Diese «Selbst-Erfahrung» gibt uns eine große innere Ruhe. Marie-Louise von Franz sagt dazu sehr schön: «Die Erfahrung des Selbst bewirkt ein Gefühl, als ob man zuunterst in sich selbst auf einem festen Grunde stünde, auf einem Stück innerer Ewigkeit, dem auch der physische Tod nichts anhaben kann.»[(38)]

Wir sprachen von einer doppelten Natur des Rätsels, das Mann und Frau einander aufgeben. War der eine Aspekt die Rätselfrage «Was ist der Mensch?», so liegt die andere Seite darin, den Partner als Rätsel zu erleben, das er selber darstellt. Hier geht es nicht mehr um die Frage, was der Mensch sei oder um Selbsterkenntnis, und es wird keine konkret formulierte Antwort erwartet. Wenn ich den Partner bzw. die Partnerin als einen Menschen in seiner männlich-weiblichen Ganzheit und im Einklang mit seinem Selbst erlebe, dann kommt neben der individuellen eine überpersönliche Ebene ins Spiel. Da der Partner als Mensch über sein Selbst mit der Welt, mit der Unendlichkeit des Unbewußten, mit dem Kosmos, mit dem «Göttlichen» in Verbindung steht, weist er über sich selbst hinaus auf eine transpersonale Wirklichkeit, die sich nicht so leicht in Worte fassen läßt, sondern die erfahren werden will. Doch wer sie einmal erfahren hat, der weiß um sie, und der vermag auch im Partner das «Göttliche» zu sehen und erleben.

Selbstverwirklichung und Partnerschaft führen dann nicht zu einer selbstgenügsamen Isolation in einer «heilen Welt», sondern heben mein kleines persönliches Schicksal auf eine transpersonale Ebene und lassen mich auf eine tiefere Weise mit der Welt und ihren Problemen verbunden sein.

Mein Denken und Fühlen, mein Tun und Lassen hat dann nicht nur eine Bedeutung für mich und meine Partnerschaft, sondern läßt mich über das kollektive Unbewußte mit vielen, ja vielleicht mit allen Menschen in Beziehung sein.

«Dieses weitere Bewußtsein ist nicht mehr jener empfindliche, egoistische Knäuel von persönlichen Wünschen, Befürchtungen, Hoffnungen und Ambitionen, der durch unbewußte persönliche Gegentendenzen kompensiert oder etwa auch korrigiert werden muß, sondern es ist eine mit dem Objekt, der Welt, verknüpfte Beziehungsfunktion, welche das Individuum in eine unbedingte, verpflichtende und unauflösbare Gemeinschaft mit der Welt versetzt. Die auf dieser Stufe entstehenden Verwicklungen sind nicht mehr egoistische Wunschkonflikte, sondern Schwierigkeiten, die sowohl mich wie den andern angehen. Es handelt sich auf dieser Stufe in letzter Linie um kollektive Probleme, welche das kollektive Unbewußte in Bewegung setzen, weil sie einer kollektiven und nicht einer persönlichen Kompensation bedürfen. Hier können wir es nun erleben, daß das Unbewußte Inhalte produziert, die nicht bloß für den betreffenden einzelnen, sondern auch für die andern, ja sogar für viele und vielleicht für alle gültig sind.»[37]

So können wir immer wieder einen Teil dazu beitragen, das Rätsel um den Menschen und die Menschheit einer Lösung näherzubringen und damit auch das Geheimnis der Sphinx besser zu verstehen.

Vergessen wir aber nicht, daß die Lösung dieses Rätsels nicht vorschnell und zu rational gesucht werden sollte, sondern als eine lebenslange Aufgabe zu betrachten ist. Die angemessene Einstellung wird trefflich von R. M. Rilke in einem seiner Briefe an einen jungen Dichter ausgedrückt:

«Ich möchte Sie, so gut ich es kann, bitten, lieber Herr, Geduld zu haben gegen alles Ungelöste in Ihrem Herzen und zu versuchen, *die Fragen selbst* liebzuhaben wie verschlossene Stuben und wie Bücher, die in einer sehr fremden Sprache geschrieben sind. Forschen Sie jetzt nicht nach den Antworten, die Ihnen nicht gegeben werden können, weil Sie sie nicht leben könnten. Und es handelt sich darum, alles zu leben. *Leben* Sie jetzt die Fragen. Vielleicht leben Sie dann allmählich, ohne es zu merken, eines fernen Tages in die Antwort hinein.»[39]

Exkurs über Animus und Anima

Immer wieder habe ich die Begriffe Animus und Anima verwandt, mit denen C. G. Jung die gegengeschlechtliche, zunächst noch unbewußte Seite der menschlichen Seele bezeichnete, und zwar mit «Animus» den männlichen Seelenanteil der Frau und mit «Anima» den weiblichen Seelenanteil des Mannes.

In diesem Exkurs will ich nicht eine umfassende Darstellung geben, sondern auf diese Begriffe und auf das, was an Realität hinter ihnen steht, etwas ausführlicher eingehen, und zwar einmal, um dem in der Tiefenpsychologie nicht so bewanderten Leser zu einem besseren Verständnis zu verhelfen, zum anderen, um ein wenig zur weiteren Klärung der in diesem Bereich bestehenden Mißverständnisse beizutragen.

Jung hat zwar viel und an zahlreichen Stellen seines Werkes über Animus und Anima geschrieben, aber es wäre trotzdem falsch, ihm zu unterstellen, er habe eine umfassende systematische Beschreibung dieses Gegenstandes im Sinne gehabt. Er hat ihn vielmehr immer wieder umkreist und die sich ihm dabei darbietenden «Ansichten» in einem teils wiederholenden teils ergänzenden Sinne beschrieben. Darum hat es auch wenig Sinn, Jungs Aussagen über Animus und Anima im additiven Sinne anzuhäufen im Glauben, dann habe man die Summe seiner Lehre darüber.

Über die Schwierigkeiten mit den oft widersprüchlich erscheinenden Aussagen in Jungs Werk und wie man damit am besten umgeht, meint L. Schlegel sehr treffend: «Er war kein kühl abwägender Schreibstubengelehrter, sondern ein Mensch, der von seinen Einfällen und Ideen selbst ergriffen wurde. Davon zeugt auch sein Werk, das auf weite Strecken wie eine nur mühsam gebändigte Flut von Einfällen anmutet. Schlichte Schilderungen von psychologischen Beobachtungen stehen unmittelbar neben kühnen theoretischen Konstruktionen; lapidare Aphorismen neben eingehenden wissenschaftlichen Erörterungen; Formulierungen im Sinne der klassischen Naturwissenschaft neben solchen, die einer phänomenologischen oder sogar daseinsanalytischen Betrachtungsweise nahestehen; Überzeugungen, die an neuplatonische Gedankengänge, an eine Götterlehre oder an eine mittelalterliche Dämonologie denken lassen, neben solchen, die unverhohlen psychologistisch sind. Was an einem Ort als unumstößliche Gewißheit vertreten wird, wird an anderer Stelle als bloße Hypothese bezeichnet; was am einen Ort als verbindliches Urteil erscheint, wird an anderer Stelle nur mit Vorbehalt erwähnt. Zugleich verfuhr Jung begriffstheoretisch unsorgfältig, sei es aus Mangel an philosophischem Interesse oder Sensorium, sei es aus Ungeduld: es gibt kaum einen Grundbegriff, der im Werk Jungs nicht mehrere Bedeutungen trägt; kaum eine Behauptung, die nicht an anderer Stelle, manchmal auf der nächsten Seite schon, von Jung selbst wieder in Frage gestellt wird. Für denjenigen, der sich ohne Vorurteil – sine ira et studio – gewissenhaft in das Werk von Jung einarbeiten möchte, bedeuten diese Eigenheiten begreiflicherweise ein Ärgernis. Wer über diese Schwierigkeiten nicht hinwegkommt, nicht gleichsam durch sie hindurchsieht, dem entgeht indessen der Reichtum und die Fülle von Anregungen, die Jung dem psychologisch Interessierten zu bieten hat.»[40]

Jung hatte nach seinen eigenen Aussagen nicht die Absicht, ein methodisch durchgängiges und in sich stimmiges Lehrgebäude zu errichten. Wir sollten ihn daher auch nicht als eine Art «Kirchenvater» ansehen und seine Meinungen nicht als «Dogmen» verstehen. Es erscheint mir angemessener, Jungs Gedanken als interessante Anregungen zu betrachten, die weitergedacht und -entwickelt werden wollen.

Mit Animus und Anima begeben wir uns auf ein Terrain, in dem wir uns nicht auf objektiv nachweisbare Tatsachen stützen können. Hinweise auf Genstrukturen oder hormonale Faktoren sind interessant, aber beweisen nichts. Animus und Anima können nicht nachgewiesen, sie wollen erfahren werden. Wer durch sie ins Leben verwickelt wird, lernt vielleicht allmählich und über vielfältige leidvolle und beglückende Erlebnisse ihre Wirkungen besser zu verstehen und dank ihrer Hilfe die eigene Ganzheit zu finden.

Wenn Jung hinsichtlich Animus und Anima von Archetypen spricht, so sind sie weder als fest umrissene Strukturen noch bloß als innere Urbilder zu verstehen. Am ehesten wird ihnen wohl die Vorstellung gerecht, es handle sich bei ihnen um ererbte, unanschauliche Strukturelemente des kollektiven Unbewußten mit der Bereitschaft, auf bestimmte Reize mit entsprechenden Reaktionsmustern zu antworten. G. Buck-Hansen hat auf interessante Analogien zwischen Instinkthandlungen und den durch Archetypen ausgelösten Reaktionen hingewiesen.(41) Ähnlich wie bei Instinkthandlungen ein angeborener Auslösemechanismus auf einen Schlüsselreiz hin eine reflexartige Instinkthandlung ablaufen läßt, könnte ein Archetyp – vergleichbar dem angeborenen Auslösemechanismus – auf bestimmte Reize im seelischen Bereich mit einer relativ komplexen Reaktion antworten, die mit der Erzeugung innerer Bilder, verbunden mit Gefühlen, Vorstellungen, Phantasien und

Strebungen einhergeht. Lassen Sie mich das Gesagte an einem Beispiel verdeutlichen.

Nehmen wir an, daß eine Frau den Animus als Archetyp in sich trägt, d. h. in ihr ist – zunächst noch unbewußt, aber damit nicht auch unwirksam – ein psychisches Element männlichen Charakters vorhanden, das die Erfahrungen der weiblichen Ahnen mit Männern in sich enthält, also bereits vor persönlichen Erfahrungen mit realen Männern, z. B. auch mit dem Vater, als eine Art Reaktionsbereitschaft zur Verfügung steht. Begegnet die Frau nun einem realen Mann, so antwortet der Animus mit einer komplexen Reaktion, bei der innere Bilder, Gefühle, Vorstellungen, Phantasien, Projektionen und Strebungen eine wesentliche Rolle spielen. Die Frau wird ganzheitlich von dieser Reaktion ergriffen, welche sich auch im körperlichen Bereich auswirken kann. Der Sinn dieser Reaktion besteht darin, daß die Frau zu einem besseren Verstehen dieser Situation und einem ihr angemessenen Verhalten kommen kann.

Alles bisher über den Animus gesagte gilt vice versa auch für die Anima des Mannes. Jung versteht Männlichkeit und Weiblichkeit als zwei zueinandergehörige Pole, die gemeinsam ein Ganzes bilden. Ich kann die Einwände von U. Baumgardt(42) gegen Jungs Polaritätsdenken nicht teilen, wenn sie meint, Jung leite die Frau als das Sekundäre vom Mann ab und sehe daher die Frau als zweitrangiges Wesen (S. 74 u. 78).

In einer Polarität hängen die beiden Pole zusammen, hängen auch voneinander ab, aber der eine bedingt nicht den anderen in einem ursächlichen Sinn. In einem polaren System kann ich jeweils von beiden Polen ausgehen, muß nicht einen bestimmten vom anderen her definieren.

Polaritäten sind Gegebenheiten der lebendigen Wirklichkeit, die wir vorfinden und nicht selbst konstruieren. Dieser Wirklichkeit werden wir keinesfalls gerecht, wenn wir die Pole mit

Wertungen versehen in dem Sinne, der eine Pol sei gut, der andere schlecht. Zu einem solchen Denken hat das Christentum wesentlich beigetragen, indem es die Wirklichkeit aufspaltete in die «guten» (z. B. Himmel, Gott, Geist, Mann, gut) und in die «schlechten» Pole (z. B. Erde, Teufel, Fleisch, Frau, böse). Diese Spaltungstendenzen werden laut Jung im beginnenden Wassermannzeitalter überwunden, zu dessen Thematik auch «das Problem der Gegensatzvereinigung»(43) gehört. Bei dieser «Conjunctio» geht es um eine Verbindung der Pole miteinander, nicht um eine Vereinigung im Sinne des Ineinanderaufgehens. Beide Pole bleiben als Gegensätze bestehen, aber verbinden sich auf einer höheren Ebene zu einem Ganzen, das etwas Neues, Drittes, über die bloße Summe der zwei Pole Hinausgehendes ist.

Es geht im neuen Zeitalter um die Überwindung der in der patriarchalen Gesellschaft vollzogenen Spaltung, eine Aufgabe, die nur im Zusammenwirken von Frau und Mann gelöst werden kann, basierend auf einem neuen Verständnis von Weiblichkeit und Männlichkeit und von ihrem sinnvollen Umgang miteinander.

Es war ein Grundanliegen von Jung, einen Beitrag zu leisten zur Überwindung der eminent falschen Bewertung des Weiblichen in der patriarchalen Gesellschaft und damit auch zum besseren Verständnis zwischen Weiblichem und Männlichem. Daß er dabei selber oft noch der patriarchalen Begriffswelt verhaftet blieb und in seiner Ausdrucksweise manchmal hinsichtlich der Frau einen Ton patriarchaler Überheblichkeit anschlägt, soll nicht übersehen werden. Aber die Unterstellung, er habe die Unterwerfung der Frau unter die Bedingungen des Patriarchats verfestigen wollen, wird weder ihm noch der Sache gerecht.

Es kann nicht oft genug betont werden, daß Weiblichkeit nicht einfach der Frau und Männlichkeit dem Mann zuzuordnen ist. Vielmehr haben Frauen und Männer jeweils weibliche und männliche Seiten in sich. Dabei haben Weiblichkeit und Männlichkeit im polaren Sinne jeweils eine helle und eine dunkle Seite, wobei es nicht um ein Entweder-Oder geht, denn beide Anteile gehören zusammen und bilden gemeinsam das jeweils Ganze. Die einseitige Überbetonung der einen Seite wirkt sich immer letztlich destruktiv aus, auch die Überbetonung der hellen («guten») Seite. Auch geht es nicht an, dem Mann die helle und der Frau die dunkle Seite zuzuschieben.

Ebenso halte ich es nicht für zulässig, vom Animus einfach direkt auf den Mann zu schließen und von der Anima auf die Frau. Man kann nicht, wie U. Baumgardt(42) es tut (S. 50, 75 f. u. 86), Jungs Aussagen, die sich auf bestimmte Phasen der Animaentwicklung beziehen, und zwar auf Phasen relativer Unreife, einfach allgemein auf seine Vorstellung von der Frau übertragen. Wer käme etwa je auf die Idee, aufgrund von Aussagen über Medizinstudentinnen sich ein Bild von der Ärztin als solcher zu machen?

Meiner Ansicht nach müßte man sich in diesen Fragen mehr an prozeßhaftem Denken orientieren, die lebenslange Weiterentwicklung von Animus und Anima im Auge haben. Sind diese zwar ein in der Anlage enthaltener Reaktionsmechanismus, der die Erfahrungen der Ahnen des gegengeschlechtlichen Menschen in sich birgt, so werden sie natürlich unter dem Einfluß eigener Erfahrungen mit dem Gegengeschlecht sich im Laufe des Lebens wandeln und erweitern. Der Begriff «Mechanismus» wird dabei keineswegs den durch sie vermittelten Erlebnisinhalten gerecht. In bestimmten Entwicklungsphasen werden sie, z. B. in Träumen, auch als personifiziert auftretend erlebt. Der Animus wird auch als innerer Mann, die Anima als innere Frau bezeichnet.

Die ersten Erfahrungen mit dem Gegengeschlecht macht die Frau im allgemeinen mit dem Vater, der Mann im allgemeinen mit der Mutter. Wenn Jung bei der Frau vom Vater als erstem Projektionsträger spricht, so ist damit natürlich der erste Projektionsträger hinsichtlich des Gegengeschlechtes gemeint, was nicht ausschließt, daß auch für die Frau die Mutter die wichtigste erste Beziehungsperson ist.
In der ödipalen Phase und in der Pubertät werden aufgrund der Erfahrungen mit der inneren und äußeren Realität neue Elemente des Gegengeschlechtes kennengelernt und dem Animus bzw. der Anima eingegliedert.
Wenn man bei den jeweils gegengeschlechtlichen Elternfiguren von Projektionsträgern spricht, so sollte nicht übersehen werden, daß auch der gleichgeschlechtliche Elternteil einen großen Einfluß auf Animus und Anima ausübt. Schon als Kleinkind nimmt das Mädchen über zum großen Teil unbewußte Kanäle wahr, welcher Natur der «innere Mann» der Mutter ist; die Mutter vermittelt durch ihr Verhalten gegenüber ihrem Mann, dem Vater des Kindes, welche Vorstellung vom Mann sie hat, wobei oft gerade das Nicht-Ausgesprochene, das Atmosphärische in der Situation das am tiefsten und nachhaltigsten Wirksame ist.
Entsprechendes gilt für den Mann hinsichtlich der Anima des Vaters. Im Extremfall – wenn die Mutter als Frau keinerlei Attraktion für den Sohn hat – kann sogar die Erfahrung des positiven Weiblichen vornehmlich über die Anima des Vaters laufen. Solche Männer wählen später dann oft eine Frau, die der inneren Frau des Vaters entspricht. Vielleicht spielt dabei die unbewußte Botschaft des Vaters an den Sohn eine Rolle, dieser solle nicht das gleiche Unglück mit der Frau erleben wie er.
Wahrscheinlich erfährt ein Mädchen früher etwas über Männlichkeit auf jenem oben beschriebenen Wege als der Junge über

Weiblichkeit, da auch für das Mädchen die erste wichtige Beziehungsperson die Mutter ist.

In der Folge spielen dann Animus und Anima eine entscheidende Rolle bei der Partnerwahl, wobei anfangs Projektionen in starkem Maße das Geschehen bestimmen.

Wenn der Animus einer Frau noch zu unbewußt ist, bemerkt sie auch nicht, daß sie das innere Bild vom Mann, also ihren Animus, auf reale Männer projiziert. Das ist ja in einem solchen Stadium auch ganz sinnvoll, denn auf diese Weise sieht sie jedenfalls einmal bestimmte Aspekte ihres Animus in der Realität vor sich.

Wenn dann im Laufe der Zeit das Bild vom idealisierten Objekt Flecken und Risse bekommt und die erste Krise in der Beziehung auftritt, wird nach und nach die Tatsache der Projektion offenkundig, was in eine mehr oder weniger große «Enttäuschung» zu münden pflegt. Das gilt natürlich für Frauen und Männer.

J. G. Lemaire empfiehlt, diese Enttäuschung als etwas Positives anzunehmen und Trauerarbeit zu leisten, die dem Tod des idealisierten Objektes gilt: «Nicht das Objekt als Ganzes in seiner äußeren Realität wurde ja verloren, sondern dessen psychische Realität, wie sie vom Subjekt im Inneren erlebt wird.» Es geht nun darum, «einen echten *Objektverlust* zu verarbeiten, indem sie einerseits die negativen Aspekte des realen Objektes akzeptieren, andererseits auf das idealisierte ‹vollkommen gute› Bild desselben in der eigenen Seele verzichten»[(44)].

Viele Menschen lassen mit dem notwendigen Tod des idealisierten Objektes das ganze Objekt für sich sterben, sie trennen sich vom Partner, weil es wieder einmal nicht der Richtige war. Damit berauben sie sich der Chance, den Partner in seiner Andersartigkeit, aber eben in seiner wirklichen Realität kennenzulernen, ihn so zu akzeptieren, wie er seinem Wesen gemäß ist, und in seiner Andersartigkeit sogar ganz neue Züge zu entdecken und lieben zu lernen, die man vorher gar nicht gesehen hatte. Bei der Rücknahme der Projektionen vom geliebten Objekt kann mir dann allmählich klar werden, daß ich die am Partner geliebten Seiten zugleich in mir selber habe, sie als zu meinem Wesen gehörig erlebe. Selbst wenn es zu einer Trennung kommen sollte, werden diese neu entdeckten und entfalteten Seiten in mir weiterleben und weiterwachsen.

Wir sehen, Projektion ist in der Phase der Verliebtheit etwas ganz natürliches, und wir sollten uns dessen nicht schämen oder etwa abwertend sagen, das sei ja alles nur Projektion. Projektionen sind natürliche Lebensvorgänge, die im allgemeinen allerdings ihren vollen Sinn erst erfüllen, wenn sie später wieder zurückgenommen werden. Unfruchtbar wird die Projektion dann, wenn sie in der Fixierung erstarrt.

Viele Partnerschaften leiden darunter, daß eine Eindeutigkeit und Reinheit der Gefühle füreinander angestrebt wird, die nicht natürlich ist. Lemaire sagt: «Zu akzeptieren, daß das Objekt *unvollkommen* ist und niemals alle Bedürfnisse des Subjekts zu befriedigen vermag, heißt gleichzeitig anerkennen, daß in der eigenen Brust ambivalente Gefühle herrschen, Zuneigung und feindselige Regungen nebeneinander bestehen.»(44) Es kann in einer Beziehung sehr entlastend sein und sogar zu einer Intensivierung der Partnerschaft führen, wenn beide Partner sich solche ambivalenten Gefühle zugestehen können, dabei aber den anderen als ganzen Menschen, so wie er nun einmal ist, annehmen und lieben können. Dann kann sich Liebe im aufeinander Zugehen immer wieder neu ereignen.

Natürlich gilt das, was ich über die Projektion der noch unbewußten gegengeschlechtlichen Seite der Frau auf einen realen

Mann und die Folgen davon für die Beziehung gesagt habe, sinngemäß auch für den Mann, wenn er seine Anima auf eine reale Frau projiziert.
Die Wirkungen von Animus und Anima im Stadium ihrer weitgehenden Unbewußtheit beschreibt C. G. Jung sehr treffend: «Die Anima hat einen erotisch-emotionalen, der Animus [Geist] einen räsonierenden Charakter, weshalb das meiste, was die Männer über weibliche Erotik und überhaupt über weibliches Gefühlsleben zu sagen wissen, auf der Projektion ihrer eigenen Anima beruht und darum schief ist. Die erstaunlichen Annahmen und Phantasien der Frauen über die Männer beruhen auf der Wirksamkeit des Animus, der unerschöpflich ist in der Erzeugung unlogischer Urteile und falscher Kausalitäten.»(35)
Das alles gilt natürlich nur solange, wie die gegengeschlechtliche Seite eines Menschen – Anima oder Animus – noch in allzugroßer Unbewußtheit verfangen ist.
Zum prozeßhaften Denken hinsichtlich Animus und Anima gehört auch, daß man sich klar macht, daß der Individuationsprozeß, der Weg der Selbstwerdung, nicht bei allen Menschen in gleicher Weise abläuft, wie ja auch nicht jede Blume die gleiche Entwicklung durchläuft. Er ist weitgehend auch abhängig von der primären Natur eines Menschen und der Ausgangslage seiner Lebenssituation.
Es gibt z. B. Frauen mit von vornherein harmonischer eingegliederter, also schon etwas bewußterer Männlichkeit und Männer mit entsprechender Weiblichkeit. Bei ihnen wird die Begegnung mit gegengeschlechtlichen Partnern vielleicht mit weniger Spannungen ablaufen als bei jemandem, der sich durch vielerlei und oft schmerzliche Erfahrungen seiner gegengeschlechtlichen Seite bewußt werden muß.
Ob Animus bzw. Anima uns führen oder eher verführen, hängt

wesentlich von unserer Einstellung zu ihnen ab. Wenn wir uns weigern, ihre Wirklichkeit zur Kenntnis zu nehmen, machen sie uns aus dem unbewußten Untergrund heraus in scheinbar destruktiver Weise furchtbar zu schaffen, lassen uns in Fallen tappen und unseren Bezug zur Wirklichkeit verlieren, indem sie uns von Beziehungsmöglichkeiten fasziniert sein lassen, die sich im Nachhinein als Illusionen erweisen. Aber auch damit wollen sie uns eigentlich nicht ärgern, sondern uns auf sich aufmerksam machen, damit wir besser mit ihnen umgehen lernen.

Ihre eigentliche Funktion erfüllen sie dann, wenn sie für uns die Brücke zwischen dem Bewußten und dem Unbewußten bilden, sie werden sich also sinnvollerweise nie voll ins Bewußtsein heben lassen, sonst könnten sie uns nicht mit unserem Seinsgrund im Unbewußten verbinden.

Ein Mensch, der auf diese Weise in echten Kontakt mit seiner gegengeschlechtlichen Seite in sich kommt, fühlt sich viel weniger auf einen realen Partner bzw. eine reale Partnerin angewiesen, er braucht (und gebraucht) diesen bzw. diese nicht mehr, da er sich mit seinem inneren Mann bzw. mit seiner inneren Frau ganzheitlich verbunden fühlt. Aber gerade dadurch ist er, so paradox es klingen mag, erst wirklich und auf eine neue Art frei für eine Beziehung von Mensch zu Mensch.

Diesen Zustand kann man aber nicht einfach direkt anpeilen. In der ersten Lebensphase geht es zunächst einmal um Ich-Werdung, damit natürlich vorwiegend um die Ausprägung der gleichgeschlechtlichen Seite. Ein zu schwaches Ich kann sich mit den aus dem Unbewußten heraus wirkenden Kräften noch nicht bewußt auseinandersetzen, es würde zu leicht von den Inhalten aus dem Unbewußten überschwemmt. Darum hat es auch keinen Sinn, jüngere Menschen in psychologisierender Weise mit Animus und Anima zu konfrontieren, wenngleich deren Wirkung auf die Persönlichkeit und auf Beziehungen dem erfahrenen Beobachter schon erkennbar sind, wobei diese Wirkungen durchaus auch positiv sein können, solange eine gleichsam «naive Kommunikation» zwischen Bewußtsein und Unbewußtem, zwischen Weiblichem und Männlichem besteht. Aber an irgendeinem Punkt der Entwicklung kommt es, bei dem einen Menschen früher, beim anderen später – und zwar meist ausgelöst durch eine intensive Begegnung mit gegengeschlechtlichen Partnern bzw. Partnerinnen –, zu einer Krise, deren Sinn auf lange Sicht hin die Bewußtwerdung der gegengeschlechtlichen Seite ist. Dies kann dadurch geschehen, daß der betreffende Mensch sich immer mehr von seinem Animus bzw. von seiner Anima unterscheidet, sich also nicht mehr mit ihm bzw. mit ihr identifiziert und damit nicht mehr so oft mit einem Gefühl der Ichfremdheit spricht und handelt, wie es halt geschieht, wenn eine Frau vom Animus «besessen» oder ein Mann seiner Anima «verfallen» ist.

Man muß durch solche, meist relativ langdauernden und sich immer wieder neu aktualisierenden Krisen hindurch. Es scheint so zu sein, als müßte gleichsam der einzelne die im kollektiven Bereich vollzogene Spaltung zwischen Weiblichkeit und Männlichkeit erfahren und durchleiden, bevor er durch die Vereinigung der Gegensätze im individuellen Bereich, d. h. in sich selbst und in der Partnerschaft, seinen Beitrag leisten kann, damit auch im kollektiven Bereich auf lange Sicht hin die Aufgabe einer Vereinigung der Gegensätze, hier im besonderen die von Weiblichem und Männlichem, ein Stück weitergebracht wird.

C. G. Jung sagt: «Individuation schließt die Welt nicht aus, sondern ein.»(21) Wer also glaubt, Animus und Anima hätten nur etwas mit seiner persönlichen Beglückung oder mit einer individualistischen Selbstverwirklichung zu tun, der ist auf dem

Holzweg. Sie reißen uns immer wieder aus unserer egozentrischen Welt in größere Zusammenhänge hinein, was unseren Horizont erweitert, aber auch unsere gesellschaftliche Verantwortung größer werden läßt. Wer sich mit Animus und Anima wirklich auseinandersetzt, kann nicht an den Fragen nach den Rollen von Mann und Frau in unserer gesellschaftlichen Situation vorbeigehen.

Nun wird mancher Leser sich sagen, das ist ja alles ganz schön kompliziert, wie soll ein gewöhnlicher Sterblicher (ohne Spezialstudium der Individuationslehre) mit diesen Problemen zurechtkommen? Ich habe in meiner psychotherapeutischen Praxis viel mit sogenannten «einfachen Menschen» zu tun und bin immer wieder erstaunt, wie diese durch die Steuerung des Selbst in Krisen mit ihrem Animus bzw. mit ihrer Anima geraten, diese Krisen durchstehen und durchleiden, um reifer aus ihnen hervorzugehen und sinnvolle Lösungen in der jeweiligen Situation zu finden. Individuation hat letztlich auch etwas mit Einfachheit zu tun und vielleicht auch mit Verzicht auf eine manchmal sogar liebgewonnene Kompliziertheit. Ich bewundere sehr oft sogenannte «einfache Menschen», die nichts mit Psychologie am Hut haben und sich in der einschlägigen Literatur nicht auskennen und trotzdem eine ganzheitliche Persönlichkeit darstellen mit männlich-weiblicher Harmonie und einer wohltuenden Ausstrahlung. Bei solchen Menschen spiegeln die Träume oft in farbigen Bildern die inneren Krisensituationen wider, wobei diese Träume eine regulierende Funktion haben, auch wenn sie nicht gedeutet werden.

Zum Schluß dieses Exkurses möchte ich Sie, liebe Leserinnen und Leser, einladen, alles Gesagte erst einmal wieder zu vergessen und sich der lebendigen Wirklichkeit zuzuwenden, denn den Umgang mit Animus und Anima kann man nicht nur aus Büchern lernen, das Wichtigste ist vielmehr die lebendige Erfahrung mit sich selber und mit seinem Partner bzw. seiner Partnerin. Eine Frau, die nie vom Animus geritten wurde, und ein Mann, der nie seiner Anima auf den Leim gegangen ist – wegen beidem muß man sich wirklich nicht schämen –, sollten sich nicht rühmen, sich selber ganz zu kennen. Aber beides kann mit zerstörerischen Wirkungen verbunden sein, für die man dann auch die Verantwortung übernehmen sollte mit der Bereitschaft, für zukünftige Situationen daraus zu lernen.

Zitierte Literatur

1 Lurker, Manfred: «Wörterbuch der Symbolik», Stuttgart 1979

2 Demisch, Heinz: «Die Sphinx», Stuttgart 1977

3 Jung, C. G.: «Heros und Mutterarchetyp», Grundwerk C. G. JUNG, Band 8, Olten 1985

4 Rasche, Jörg: «Die Sphinx – Symbol am Anfang», in: «Analytische Psychologie» 17,2,1986

5 Neumann, Erich: «Ursprungsgeschichte des Bewußtseins», Zürich 1949

6 Lissner, Ivar, und Rauchwetter, Gerhard: «Der Mensch und seine Gottesbilder», Olten 1982

7 Jung, C. G.: «Traumsymbole des Individuationsprozesses», Grundwerk C. G. JUNG, Band 5, Olten 1984

8 Dürckheim, Karlfried Graf: «Übung des Leibes auf dem inneren Weg», München 1981

8a Skizze aus: Remmler, Helmut, «Der Königssohn, der sich vor nichts fürchtet», Stuttgart–Zürich 1984

9 Jung, C. G.: «Antwort auf Hiob», Grundwerk C. G. JUNG, Band 4, Olten 1984

10 Mann, Ulrich: «Schöpfungsmythen», Stuttgart 1982

11 Goethe, Johann Wolfgang: «Faust – Der Tragödie zweiter Teil», Leipzig 1976

12 von Ranke-Graves, Robert: «Griechische Mythologie 1», Reinbek bei Hamburg 1960

13 Hegel, G. W. F.: «Vorlesungen über die Philosophie der Weltgeschichte 2», Leipzig 1923

14 Henne, Eugen: «Das Alte Testament II» 7. Auflage, Paderborn 1952

15 Streatfeild, D.: «Das Rätsel der Sphinx», in «Analytische Psychologie» 8, 1977

16 Neumann, Erich: «Die Große Mutter», Olten 1974, Sonderausgabe 1987

17 Schiller, G.: «Ikonographie der christlichen Kunst», Gütersloh 1966

18 Leuenberger, Hans-Dieter: «Schule des Tarot, 1. Das Rad des Lebens», 2. Aufl., Freiburg 1983
19 Nichols, Sallie: «Die Psychologie des Tarot», Interlaken 1984
20 Neumann, Erich: «Die Bedeutung des Erdarchetyps für die Neuzeit», Eranos-Jahrbuch 1953, Bd. XXII, Zürich 1954
21 Jung, C. G.: «Theoretische Überlegungen zum Wesen des Psychischen», Grundwerk C. G. JUNG, Band 2, Olten 1984
22 Rilke, Rainer Maria: «Duineser Elegien», Werke in drei Bänden, Band 1, Copyright Insel Verlag, Frankfurt am Main 1966
23 Grant, Michael und Hazel, John: «Lexikon der antiken Mythen und Gestalten», München 1976
24 Kerényi, Karl: «Die Heroen der Griechen», Zürich 1958
25 Clarus, Ingeborg: «Odysseus und Oidipus: Wege und Umwege der Seele», Fellbach-Oeffingen 1986
26 Van der Sterren, Driek: «Ödipus», München 1974
27 Jung, C. G.: «Ein moderner Mythos», Gesammelte Werke X, Olten 1974
28 von Franz, Marie-Louise: «Der ewige Jüngling», München 1987
29 Mathieu, Pierre-Louis: «L'assembleur de rêves, Ecrits complets de Gustave Moreau», Fontfroide 1984
30 Hahlbrock, Peter: «Gustave Moreau oder Das Unbehagen in der Natur», Berlin 1976
31 Stooss, T.: «Gustave Moreau, Symboliste», Ausstellungskat., Zürich 1986
32 Heine, Heinrich: «Sämtliche Schriften 1», hrsg. von Briegleb, K., Darmstadt 1968
33 Lasker-Schüler, Else: «Sämtliche Gedichte», hrsg. von Kemp, F., München 1966
34 Rilke, Rainer Maria: «Das Stundenbuch», Werke in drei Bänden, Band 1, Copyright Insel Verlag, Frankfurt am Main 1966
35 Jung, C. G.: «Die Ehe als psychologische Beziehung», Grundwerk C. G. Jung, Band 9, Olten 1985
36 Neumann, Erich: «Zur Psychologie des Weiblichen», München 1975
37 Jung, C. G.: «Die Beziehungen zwischen dem Ich und dem Unbewußten», Grundwerk C. G. Jung, Band 3, Olten 1984
38 von Franz, Marie-Louise: «C. G. Jung – sein Mythos in unserer Zeit», Frauenfeld 1972
39 Rilke, Rainer Maria: «Briefe an einen jungen Dichter», Frankfurt am Main 1981

40 Schlegel, L.: «Grundriß der Tiefenpsychologie», München 1973
41 Buck-Hansen, G.: «Der Archetyp im Licht der vergleichenden Verhaltensforschung», Z. f. Analytische Psychologie, vol. IX, Nr. 3, 1978
42 Baumgardt, U.: «König Drosselbart und C. G. Jungs Frauenbild», Olten 1987
43 Jung, C. G.: «Aion», Gesammelte Werke Band 9/II, Olten 1976
44 Lemaire, J. G.: «Leben als Paar», Olten 1980

Grundwerk C. G. Jung in 9 Bänden

Herausgegeben von Helmut Barz, Ursula Baumgardt, Rudolf Blomeyer, Hans Dieckmann, Helmut Remmler, Theodor Seifert

Bände auch einzeln erhältlich, kartoniert 1984/85

Band 1: Grundfragen zur Praxis, 331 Seiten
Band 2: Archtetyp und Unbewußtes, 343 Seiten
Band 3: Persönlichkeit und Übertragung, 314 Seiten
Band 4: Menschenbild und Gottesbild, 361 Seiten
Band 5: Traumsymbole des Individuationsprozesses, 267 Seiten, 111 Abbildungen
Band 6: Erlösungsvorstellungen in der Alchemie, 304 Seiten, 160 Abbildungen
Band 7: Symbol und Libido, 256 Seiten, 37 Abbildungen
Band 8: Heros und Mutterarchetyp, 392 Seiten, 86 Abbildungen
Band 9: Mensch und Kultur, 336 Seiten

Auf knapp 3000 von 13 000 Seiten des Gesamtwerks ist das zusammengestellt, was man lesen muß, um Jung einigermaßen zu kennen. Als kompetente Auswahl mit ausführlichen Registern und zahlreichen Abbildungen liegt damit eine ideale Studienausgabe für jedermann vor.

Walter-Verlag